Ruediger Schache

Das Wunder der Hingabe

GOLDMANN

Lesen erleben

Buch

In jedem von uns gibt es eine Stelle, die darüber entscheidet, ob wir uns glücklich fühlen oder Unglück empfinden, ob wir Liebe in uns spüren oder Ablehnung. Diese unsichtbare Entscheidungsstelle arbeitet wie ein innerer Schalter, der zu jeder Situation und gegenüber jedem Menschen ständig zwischen Ja und Nein entscheidet. Jedes innere Nein erzeugt Abwehr und unglückliche Gefühle. Jedes Ja erzeugt Glück und wird zu einem Moment von Liebe.

Im Licht der eigenen Bewusstheit kann der innere Schalter nicht mehr ungesehen und automatisch auf Nein springen. Er kann die alten Muster nicht weiter am Leben halten und keine versteckte Ablehnung mehr erzeugen. Und wo keine innere Ablehnung mehr abläuft, gibt es kein Unglücklichsein. Es muss den Raum freigeben für Hingabe. Das bewusste Ja zu Menschen, Situationen, Orten und zu sich selbst ist der Weg in einen neuen inneren Zustand, auf den auch das Leben reagieren wird. Das Glück wartet nur auf ein einziges Wort im richtigen Moment: ja!

Autor

Ruediger Schache ist Coach, Bewusstseinsforscher und Buchautor. Nach langjähriger Tätigkeit in Marketing und Werbung machte er sich als Journalist und Autor selbstständig. Auf zahlreichen Reisen durch Asien, Mexiko und Brasilien durchlief er eine Reihe von Ausbildungen und Initiationen. Heute vermittelt er in Seminaren, Vorträgen und Beratungen sein Wissen um innere und äußere Zusammenhänge. Er entwickelte einen ganzheitlichen Weg, um Geist, Seele und Körper ins Gleichgewicht und das Leben in einen Fluss aus Annahme, Freude und Selbstgestaltung zu bringen. Viele seiner Bücher wurden Bestseller, u. a. »Das Geheimnis des Herzmagneten«, »Die 7 Schleier vor der Wahrheit«, »Der geheime Plan Ihres Lebens«.

Von Ruediger Schache sind bei Goldmann außerdem erscheinen:

Ruediger Schache

Das Wunder
der Hingabe

Wie uns das innere JA
glücklich macht

GOLDMANN

Die Originalausgabe erschien 2012 unter dem Titel
»Ja! Und der innere Schalter zum höchsten Glück« im Nymphenburger
Verlag in der F.A. Herbig Verlagsbuchhandlung GmbH, München.

Verlagsgruppe Random House FSC® N001967
Das für dieses Buch verwendete FSC®-zertifizierte Papier,
Lux Cream liefert Stora Enso, Finnland.

1. Auflage

Vollständige Taschenbuchausgabe Oktober 2014
Wilhelm Goldmann Verlag, München,
in der Verlagsgruppe Random House GmbH
© 2012 Nymphenburger Verlag in der F.A. Herbig Verlagsbuchhandlung
GmbH, München
Umschlaggestaltung: Uno Werbeagentur
Umschlagmotiv: FinePic c/o Zero Werbeagentur
WL · Herstellung: cb
Satz: Uhl + Massopust, Aalen
Druck: CPI – Clausen & Bosse, Leck
Printed in Germany
ISBN 978-3-442-22060-1

www.goldmann-verlag.de

Inhalt

»*Das Glück reagiert auf ein einziges Wort.*«

KAPITEL 1

Ja!
Die Entdeckung des inneren Schalters

Glück

In jedem Menschen gibt es eine Ursache für Leid, und es gibt eine Ursache für Glück. Diese beiden Ursachen liegen ganz dicht beieinander. Sie sind wie ein kleiner innerer Schalter. Bei vielen schaltet er automatisch und unerkannt zwischen Leid und Glück hin und her.

Die eine Wahl, die der innere Schalter treffen kann, ist die Ablehnung. Ein anderer Mensch, ein Verhalten, ein Ereignis, ein Ort oder sogar man selbst – alles kann innerlich abgelehnt werden. Jede einzelne dieser kleinen Ablehnungen erzeugt inneres Leid. Das Wort, mit dem der innere Schalter diese Ablehnung erzeugt, ist »Nein«. Das Nein ist das Werkzeug des Unterbewusstseins für Leid.

Die andere Position des inneren Schalters ist das »Ja«. Das Ja zu dem, was gerade geschieht. Das Ja zu dem, was ohnehin in diesem Moment nicht verändert werden kann. Das Ja zum eigenen Leben, wie es in diesem Augenblick ist, zu Situationen, zu anderen Menschen und zu sich selbst. Dieses Ja ist die Annahme.

Derselbe Schalter, der die leidvollen Zustände erzeugt, kann in derselben Situation Glück produzieren, wenn er nicht mehr automatisch und sinnlos auf Nein schaltet. Wenn das Schalterprogramm verändert wird. Der Weg zu dieser Veränderung liegt darin, die inneren und äußeren Vorgänge zu erkennen, durch welche die Ablehnung aktiviert wird, und dann zu sehen, wo man ein unbewusstes Nein in ein bewusstes Ja transformieren kann.

Dieses innere Ja ist das Wort, hinter dem das höchste Glück verborgen liegt.

Ablehnung erzeugt Anziehung

Die Ablehnung ist eine der stärksten Kräfte im eigenen Bewusstsein. Immer ist da irgendwo ein Kampf oder eine versteckte Angst. Immer muss besonders aufgepasst, etwas beurteilt, abgewehrt oder verändert werden. Oft, obwohl die Dinge in diesem Augenblick einfach nur so sind, wie sie sind.

Abwehr und Druck gegen die Welt, die einen umgibt, erzeugen Abwehr und Druck der Welt gegen einen selbst. Nichts bleibt einfach neutral, wenn man sich dagegen stemmt. Wenn man etwas nicht will, was aber auf jeden Fall gerade geschieht, baut man eine Ablehnungskraft in sich selbst auf. Das kann bewusst stattfinden, meist geschieht es jedoch unbewusst und unerkannt. Diese Ablehnung zieht weitere Ereignisse an, die man dann wieder ablehnen kann. Als hätte man beschlossen, dass man es so sehen will. Am Ende entsteht dann an einer Stelle, an der man es nie wollte, ein Problem. Und dann wundert man sich, warum einem das Leben gerade wieder einmal so antwortet.

Ablehnung ist wie eine Aufforderung, mit dem Abgelehnten seine Kräfte messen zu wollen. Das zentrale Wort, das hier unbewusst wirkt, ist das Nein. »Nein, diese Situation will ich nicht. Nein, solches Verhalten lehne ich ab. Nein, diese Menschen mag ich nicht. Nein, dieses Risiko wage ich nicht. Nein, das finde ich an mir selbst nicht gut …«

Jedes Nein zu etwas, was sowieso so ist, wie es ist, verstärkt den Kampf des Unterbewusstseins gegen die Welt. Oder sogar gegen sich selbst. Jedes Nein erzeugt einen Gegendruck von der Welt gegen einen selbst. So kann aus einem kleinen inneren Nein, aus einer scheinbar unbedeutenden Ablehnung, am Ende eine persönliche Realität mit großen Konflikten werden.

Wenn man ein Nein in sich findet, weiß man, dass an dieser Stelle gerade ein Kampf abläuft. Wenn man richtig damit umgeht, wird jedes gefundene Nein zu einem Schatz für die eigene Transformation in einen glücklicheren, weniger leidvollen Zustand. Das bedeutet nicht, dass man zu allem Ja und Amen sagen wird. Es bedeutet, dass eine innere Ablehnung verschwinden wird und sich die eigene Wirkung auf die Welt verändert.

Das Ja zum Regen

Stellen Sie sich vor, es regnet und ein Mensch sagt: »Nein, das darf nicht sein. Dieser Regen hier und heute, das ist gar nicht gut. Ich hatte so schöne Pläne.« Interessiert das den Regen? Verändert es den Regen? Was bewirkt das Nein zum Regen in Wahrheit?

Ein Nein zu einem natürlichen Zustand der Umgebung bewirkt nicht nur, dass man den Zustand verurteilt und in sich selbst damit einen Konflikt aufbaut. Es bedeutet, dass man das eigene Leben, so wie es in diesem Moment ist, ablehnt.

»Wenn es regnet, kann ich meine schöne neue Kleidung nicht anziehen. Dann muss ich die alte Kleidung anziehen. Das mag ich nicht. Ich wollte mich doch gut fühlen ...« Der unbewusste Verstand macht die Situation im Außen verantwortlich für die Gefühle im Innen. Dabei liegt der Schalter für die Gefühle nicht in der Welt da draußen. Er liegt in einem selbst.

Ist der unbewusste Verstand dasselbe wie mein Unterbewusstsein?

Es gibt das Unterbewusstsein, und es gibt die Unbewusstheit oder den unbewussten Verstand.

Das Unterbewusstsein arbeitet versteckt und automatisch. Es ist das Ergebnis aller Lebenserfahrungen und Prägungen. Vom Unterbewusstsein bekommt man meistens nur das Ergebnis in Form von Reaktionen und Emotionen mit.

Der unbewusste Verstand hingegen denkt aktiv über etwas nach, und man kann das auch mitverfolgen. Nur ist er sich über die Situation selbst nicht vollkommen bewusst. Er agiert sozusagen innerhalb eines Irrtums. So lange, bis er aus dem Irrtum erwacht und sich darüber bewusst wird. Das hat fast jeder schon einmal erlebt. Man fragt sich später: »Wie konnte ich mich in dieser Sache oder über diesen Menschen nur so lange täuschen?« Das ist Unbewusstheit.

Wenn es um kleine, feststehende Dinge wie das Wetter geht, fällt es mir leichter, ein Ja zu geben. Man kann nichts verändern und muss es akzeptieren und das Beste daraus machen. Aber es gibt viele Dinge, die ich jeden Tag verändern kann. Denen kann ich doch nicht einfach zustimmen und alles so lassen.

Etwas nicht mehr abzulehnen ist nicht dasselbe, wie zuzustimmen und alles so zu lassen. Das innere Ja bedeutet nicht, dass man nichts verändern wird. Es bedeutet, dass man einen Kampf in sich selbst beendet, damit mehr Kraft für die Situation im Außen zur Verfügung steht. Es bedeutet, dass man Ablehnungskräfte in sich selbst erkennt und eine Transformation einleitet, damit diese Kräfte nicht mehr das Leben bestimmen können.

Vielleicht beginnt es nur mit dem Regen. Und dann kommt eine unschöne Meldung aus der Bekanntschaft. Eine Absage oder eine Problemgeschichte. Und dabei entsteht das nächste Nein. »Natürlich. Das musste ja so kommen, der Tag fing ja schon so an. Erst der Regen und nun auch noch das.«

Da war einfach nur eine weitere Situation, die man nicht verändern kann, dennoch ist in einem ein Gefühl von Ärger. Dieses Gefühl beginnt langsam damit, die Sicht zu dem ganzen Tag zu bestimmen. Und wie man den Tag sehen wird, bestimmt, wie der Tag am Ende ablaufen wird. Und das sorgt vielleicht dafür, wie der nächste Tag beginnt.

Manche Ablehnungen wirken lange und bewusst, und manche sind nur einen Moment lang und unbemerkt aktiv. Man könnte sie auch Mikro-Ablehnungen nennen. Die Summe vieler kleiner und großer Momente macht den Tag aus. Und jede kleine oder große Ablehnung verstärkt die innere Grundkraft gegenüber diesem Tag.

Ja!

»Was man nie wieder erleben will, erzeugt starke Bilder, Geschichten und Gefühle und wird genau deshalb weiter angezogen. Das wird sich verändern, sobald die innere Ablehnung dagegen beendet ist.«

Warum ist die Ablehnung überall so präsent?

Ein großer Teil der Negativität und der Probleme, die man um sich herum und in der Welt findet, entsteht durch Ablehnungen, die Gegenablehnungen aktivieren. Damit beginnt jeder Konflikt, entweder in einem selbst oder mit anderen. Es streiten sich immer nur die Ablehnungen. Besonders in schwierigen Situationen gelingt es den meisten Menschen erheblich leichter, *gegen* etwas zu sein, als das zu finden, dem sie innerlich ein Ja geben können.

Und selbst wenn alles noch so gut erscheint, ein Teil des Verstandes sucht immer wieder ein Haar in der Suppe, über das er sich beschweren kann.

Das habe ich an mir selbst schon oft bemerkt. Leider erst, nachdem es schon geschehen war. Ich ärgerte mich dann darüber, dass ich es nicht aufhalten konnte.

Darin liegt kein Fehler, denn genau so läuft Ablehnung ab. Wenn sie an der Oberfläche nach außen tritt, ist der Prozess schon zu Ende. Von der Ablehnung erlebt man im unbewussten Zustand immer als Erstes das Ergebnis. Vielleicht erschrickt man dann darüber und würde es gerne rückgängig machen. Das ist der Moment, in dem die Bewusstheit in einem geweckt wird.

Ich habe schon oft versucht, das an mir zu ändern. Aber dennoch geschieht es immer wieder. Jemand sagt etwas, und ich reagiere spontan dagegen. Jemand gibt mir eine neue Aufgabe, und ich nehme sie nur widerwillig an. Obwohl ich später bemerke, dass der Widerwille eigentlich völlig unbegründet war.

Die dauerhafte Veränderung wird erst möglich, wenn man den wahren Ort in sich findet, an dem die Ablehnung erzeugt wird. Manchmal ist da nur ein kleines Nein an einer Stelle, die man nicht sehen kann. Am Ende entsteht daraus ein nie gewolltes Durcheinander, eine Unklarheit der inneren Kräfte.

Die innere, oft unerkannte Ablehnung folgt immer ganz einfachen Gesetzen. Wenn man das Licht der Bewusstheit darauf richtet, löst sich der Widerstand auf.

Das Prinzip vom ewigen Mangel

In der Frühzeit der Menschen war die Wahrnehmung von Mangel ein wichtiges Überlebenswerkzeug. Wenn etwas fehlte oder falsch ablief und man es zu spät bemerkte, konnte man sterben. Deshalb sucht unser Unterbewusstsein heute noch immer danach, wo etwas nicht richtig ist. Und sei die Situation in diesem Moment auch noch so gut – bald könnte sie sich ändern. Es könnte bald gefährlich werden.

In vielen Regionen der Erde hat das auch heute noch seine Berechtigung. Und im gesamten Tierreich gilt es ebenfalls. Doch in den meisten westlichen Kulturen gibt es nur selten noch einen wirklich lebensbedrohlichen Mangel in der Umgebung. Wenn dann dennoch ein unbewusster Mangelfokus abläuft, zerstört er die Wahrnehmung der Fülle, die bereits vorhanden ist.

Das Ja und das Missverständnis unseres Verstandes

Auf Anhieb klingt das für mich ein wenig, wie sich etwas schönzureden. Man kann doch nicht zu allem Ja und Amen sagen. Dann bewegt man doch nichts mehr im Leben

Mit Schönreden hat das innere Ja nichts zu tun. Das innere Ja ist keine Mentaltechnik. Es ist der Vorgang von Annahme, an einem Ort in sich selbst, an dem bisher Ablehnung wirkte. Ohne Ablehnung wird das Leben spürbar kraftvoller, denn die Ablehnung verbraucht viel Energie.

Das Ja ist ein so umfassendes und folgenreiches Wort, dass man es sich genauer ansehen sollte:

Es gibt ein inneres Ja, ein äußeres Ja und ein laut ausgesprochenes Ja.

Das innere Ja ist zu dem, was in Ihnen selbst geschieht.

Das äußere Ja ist zu dem, was um Sie herum und bei anderen Menschen geschieht.

Erst das gegenüber einem anderen Menschen ausgesprochene Ja bedeutet eine Zustimmung zu einer fremden Meinung, einem erteilten Auftrag oder einem Weg. Und erst hier bedeutet ein Nein eine Entscheidung ohne inneres Leid.

Ja!

»Finde die Ablehnung in dir, und
alles wird sich verändern.«

KAPITEL 2

Ja!
und die tiefe Ursache
von Freude und Glück

Der innere Schalter

Es gibt Situationen, die tatsächlich leidvoll und ein Grund für Sorgen sind. Dagegen wird niemand etwas sagen können, der schon etwas Erfahrung im Leben gesammelt hat. Die meisten Situationen jedoch, über die der Verstand sich ständig Sorgen macht, sind gar kein Grund für Sorgen.

Das, was häufig als schmerzhaft und unglücklich empfunden wird, entsteht durch eine unbewusste, automatische Einstufung der Realität als »nicht gut«. Doch in Wahrheit geht es gar nicht um gut oder nicht gut. In Wahrheit ist da einfach nur eine Situation und ein Ort und man selbst. Das Unglück entsteht erst, wenn man das nicht will.

In jeder tiefen Ursache für bewusst erlebtes oder unterbewusst wahrgenommenes Leid findet sich mindestens ein Nein: zu einer Situation in der Umgebung, zu einem anderen Menschen oder einer Beziehung, zu einem Zustand in einem selbst. Was immer gerade anwesend ist – wenn man es ablehnt, lehnt man das Leben in diesem Moment ab. Und sein Leben abzulehnen macht traurig.

Soll das bedeuten, dass man die schlechten und leidvollen Zustände in der Welt gutheißen soll und damit verschwindet das Leid?

Niemand liebt das Leid. Doch wenn es schon einmal da ist, wird es nicht dadurch verschwinden, dass man ihm weitere negative Energie in Form von Ablehnung entgegenbringt. Innerlich Ja zu einem Zustand zu sagen bedeutet nicht, diesen Zustand gutzuheißen. Es bedeutet auch nicht, dass plötzlich der leidvolle Zustand ein anderer wäre. Das innere Ja führt dazu, dass ich den Zustand, selbst nicht verurteile. Ich sehe und erlebe den Zustand, und dann treffe ich vielleicht Entscheidungen, um ihn zu verändern. Oder auch nicht. Aber ich verurteile nicht mehr das, was gerade anwesend ist.

Wenn jemand zum Beispiel in ein Land reist, in dem viel Elend und Ungerechtigkeit herrschen, und es ihn berührt, was er dort vorfindet, so hat er zwei Möglichkeiten, damit umzugehen. Er kann die äußere Ursache suchen und Schuldige finden und am Ende das ganze System im Land oder gar die Zustände auf dieser Erde insgesamt verurteilen und ablehnen. Oder er kann dem Zustand, den er vorfindet, ein inneres Ja geben und gleichzeitig damit beginnen, den einzelnen Menschen zu helfen. So überträgt sich das äußere, vorgefundene Leid nicht auf einen selbst. Dann wird aus dem eigenen Mitgefühl nicht ein »Mit-leiden-Müssen«.

Mit einem inneren Ja zu einem vorgefundenen Zustand behält man seine Klarheit und Kraft in sich und kann besser handeln, um den Zustand möglicherweise zu ändern. »Ja, so ist es hier in diesem Moment, und ich beginne damit, etwas zu tun, damit es besser wird.«

Diese Veränderung ist dann kein Kampf mehr gegen die Umstände oder gegen die Welt. Diese Veränderung ist ein Akt von Hingabe.

Acht Gründe für das automatische Nein

Ja oder Nein? Weiterfließen oder Problem erzeugen? Glück oder Unglück? Ein Nein zu einer Situation, zum Leben, zu einer Äußerung oder zu einem Menschen hat so grundlegende Auswirkungen, dass man es nicht einfach von selbst ablaufen lassen sollte. Man sollte die Entscheidung über das Ergebnis einer Situation in das Licht der eigenen Bewusstheit rücken. Erst wenn man erkennt, woher eine innere Ablehnung in Wahrheit kommt und was sie vorhat, kann man sagen: Ich habe mich ganz bewusst entschieden, dies zuzulassen. Oder: Ich habe mich ganz bewusst entschieden, Nein zu sagen.

Die genaue Betrachtung als Schlüsselerlebnis

Ja und Nein sind sehr kategorische Worte. Besonders das scheinbar einfache Nein hat eine so grundsätzliche Wirkung, dass es keinen Spielraum für andere Möglichkeiten mehr zulässt. Ein Nein ist eine Mauer ohne Tür. Es hat etwas Endgültiges.

Wenn ein solches Nein auf eine Situation trifft, die eigentlich wertvoll und am Ende gut für einen sein kann, wird es die Chance für Wachstum und Glück zerstören. Wieder eine Möglichkeit verpasst. Auf der Suche nach dem inneren Schalter zum Glück lohnt es sich deshalb sehr, das oft pauschale Gefühl einer Ablehnung in seine Bestandteile zu zerlegen und zu untersuchen, wo die genaue Quelle des Neins liegt. Erst dann kann man entscheiden, ob es auf die Situation als Ganzes überhaupt zutrifft. Und ob man nicht auch ein Ja in sich finden kann.

Ja!

»So entsteht ein unbewusstes Nein: Neunmal Ja,
einmal Nein. Gesamtergebnis: Nein.«

Die Entdeckung der Mikroablehnungen

Wenn man in sich ein Ablehnungs-Nein spürt, steht man bereits vor einem Ergebnis. Dann ist die Möglichkeit zur Mitsprache schon vorbei. Die Analyse im Hintergrund hat bereits stattgefunden. Wie sie zustande kam, bleibt einem oft verwehrt.

Eine Situation besteht nie nur aus einer einzigen Tatsache. Eine Situation besteht aus einer Verbindung vieler kleiner Tatsachen. Dem Unterbewusstsein genügt die Ablehnung einer einzigen Mikrotatsache, um das Ganze abzulehnen.

Ist wirklich gerade alles so schlecht, dass man der ganzen Situation ein Nein geben muss? Ist wirklich kein gutes Haar an diesem Menschen, dass man ihm Ablehnung entgegenbringen muss? Ist ein Vorschlag tatsächlich ein grundsätzliches Nein wert? Verdient diese Situation es gerade wirklich, dass ich schon wieder dagegen kämpfe? Oder ist die große Ablehnung nur Folge eines kleinen Details? Die folgenden

Tricks des Unterbewusstseins erzeugen Ablehnungen, für die es real keine Gründe gibt.

1. Das Nein und der Unvereinbarkeits-Glaube

In seiner Grundfunktion, also wenn er nicht beobachtet wird, denkt unser Verstand in *Polarität* und in *Linearität*. Wenn etwas nicht dieser Ordnung entspricht, lehnt er es schnell ab. Oft grundlos.

Polares Denken bedeutet, dass der Verstand es liebt, die Dinge schwarz oder weiß zu sehen. Sonne oder Regen? Schön oder nicht schön? Wichtig oder unwichtig? Für mich oder gegen mich? Richtig oder falsch? Angenehm oder unangenehm? Immer schwebt über allem lautlos die Frage: Darf ich es mögen, oder muss ich es ablehnen? Darf ich sorglos sein, oder muss ich aufpassen? Der unbewusste Verstand liebt diese Einfachheit und das zügige Urteilen, weil er damit innere Konflikte und Probleme schneller vom Tisch bekommt. Denkt er.

Lineares Denken als zweite Grundfunktion bedeutet, dass der Verstand lieber eine Realität erlebt, in der eines nach dem anderen geschieht, als dass mehreres gleichzeitig geschieht. Denn je mehr gleichzeitig geschieht, desto unkontrollierbarer ist die Situation. Wenn zu viel parallel abläuft, setzt eine Schutzfunktion ein, die zum Beispiel ein Fluchtsignal auslöst. »Geh weg hier, das entzieht sich gerade deiner Kontrolle. Das wird langsam gefährlich.«

Der unbewusste Verstand hat Probleme damit, wenn Dinge, Situationen oder Menschen viele Aspekte und Eigenschaften gleichzeitig enthalten. Es fällt ihm enorm schwer zu erkennen, dass sich scheinbar widersprechende Dinge gleichzeitig passieren dürfen. Er empfindet dann eine »Unvereinbarkeit«, für die er eine Lösung finden muss.

Einer der größten Konflikte zum Thema Liebe entsteht genau auf diese Weise: »Wenn ich jemanden liebe, darf ich keine negativen Gefühle zu ihm haben. Wenn ich die eine Person liebe, darf ich nicht gleichzeitig eine andere lieben. Wenn die Beziehung nicht funktioniert, ist das auch keine Liebe. Wenn da Liebe ist, muss es auch eine Beziehung geben…« Und so weiter.

Unvereinbarkeiten sind gedankliche Endlosschleifen, die auch endlos Kraft kosten. Irgendwo laufen ein Ja und ein Nein gleichzeitig zum gleichen Thema ab, und das führt zu keiner Lösung.

Hier das Nein zu finden und in ein Ja zu transformieren löst einen solchen inneren Konflikt auf.

2. Das Nein und die Macht

Wenn der unbewusste Verstand ein Nein zu einer Situation oder zu einem anderen Menschen gibt, fühlt er sich wichtig. Er fühlt eine kleine Form von Macht über eine Situation: die Macht, ein Nein zu geben. Wenn man gerade schon keine Möglichkeit hat, etwas zu erschaffen oder zu verändern oder zu vermeiden, so bleibt immerhin die Macht, es innerlich abzulehnen. Bei Kindern kann man dieses Nein in einer bestimmten Phase sehr gut beobachten.

Doch eine solche Ablehnung ohne ein Handeln ist vollkommen sinnlos, denn sie bewirkt nichts. Sie findet allein in einem selbst statt. Und nur dort verbraucht sie die eigene

Energie. Diese Form des Immer-dagegen-Seins ist wie ein innerer Selbstzerstörungsmechanismus, unter dem viele Menschen leiden und keine Lösung finden.

3. Das Nein als Kampfplatz

Nicht jeder, der Nein sagt, meint es auch so. Manche Menschen sind von ihrer Struktur her Kämpfertypen. Sie lieben den Konflikt und das Kräftemessen und gewinnen dabei sogar Energie und Zufriedenheit. »Ich habe gewonnen!« In einer Diskussion. In einem Entscheidungsprozess. Allein das Kämpfen und Gewinnen spielt eine Rolle. Ein deutliches Nein im richtigen Moment, auch wenn es sinnlos ist, aktiviert eine Gegenwehr, und der Kampf kann beginnen. Und nur das ist sein Grund.

Wenn man einem solchen Nein begegnet und es erkennt, wäre es das Beste, nicht mitzukämpfen. Außer man verspürt gerade selbst Lust auf ein Kräftemessen. Viele Diskussionen verlaufen so, auch öffentlich und im Fernsehen. Jemand vertritt vor anderen scheinbar leidenschaftlich eine Meinung, obwohl er persönlich wenig darüber weiß oder es ihm sogar gleichgültig ist. Doch allein die Situation, dass man ihm zuhört und er andere bewegen kann, auf ihn zu reagieren, sind Lohn genug, um diese Meinung zu vertreten. Wann immer dann ein anderer dieser Meinung entgegentritt, erhält er ein deutliches Nein. So ein Nein ist sachlich vollkommen sinnlos. Aber es freut die Spielteilnehmer während des Austausches.

4. Das innere Nein als Überlebensmechanismus

Manche Menschen hatten keine einfache Kindheit. Die Eltern oder ein Elternteil übten vielleicht auf unachtsame und übergriffige Weise Macht über das Kind aus.

»Tue dies, und zwar jetzt. Kein Widerspruch oder es wird Folgen für dich haben.«

Wenn man klein ist, vermag man dieser Form von Gewalt kaum etwas entgegenzusetzen. Man muss letztlich folgen. Um als kleine heranwachsende Persönlichkeit nicht vollkommen zu zerbrechen, muss das laut ausgesprochene Nein still werden. Es wird durch ein Nein in Gedanken ersetzt, zu einer inneren Selbstverteidigung, einem Schutz des kleinen Wesenskerns.

Das Kind denkt sich: »Ich mache es, weil ich mich deiner Macht fügen muss, aber innerlich rufe ich dir mein Nein entgegen.«

Nur weil ein Mensch später erwachsen wird, weil der Körper älter ist und der Intellekt gebildeter ist, verschwindet dieser lebenslang antrainierte Überlebensreflex nicht einfach. So wirkt das automatische Nein als Schutzmechanismus später auch noch in Situationen, in denen man sich in Wahrheit gar nicht mehr schützen muss. Dann richtet es sich vielleicht gegen einen Partner, einen Kollegen oder einen Vorgesetzten, obwohl rein sachlich nichts abzulehnen ist.

5. Das ausgestrahlte Nein als Führungsinstrument

Eine der Grundaufgaben des Verstandes ist die Bewertung von Menschen und Situationen als Freund oder Feind, als gut oder schlecht, als sicher oder riskant. Es gibt Menschen, die von anderen zunächst einmal eher das Schlechteste annehmen. »Das schafft sie sowieso nicht. Wer weiß, ob das etwas wird. Warten wir erst einmal ab, was er da macht.«

Wer auf diese Weise vorverurteilt wird, kommt bewusst oder unbewusst in den Zwang, sich ständig beweisen zu müssen, um von dieser Person ein Ja zu erhalten. Doch selbst wenn es einmal gelingen sollte, ist so ein Ja nur von kurzer Dauer. Schon bald spürt man da wieder das grundsätzliche Misstrauen. Die Aufgabe, sich zu beweisen, beginnt von vorn.

In dieser Verwendung von Nein liegt ein Machtspiel. Derjenige, der es anwendet, ist sich dessen oft nicht einmal bewusst. Er denkt, er würde alles richtig machen, denn da gibt es ja diese schlechten Erfahrungen aus der Vergangenheit. Aus diesen Erfahrungen, so sagt er, hat er gelernt, Menschen und Situationen vorsichtig bis hin zu misstrauisch zu behandeln.

Dieses ausgestrahlte Nein kann andere Menschen nur so lange kontrollieren, bis es durchschaut wird. Wenn der andere es erkannt hat, wird er vielleicht sagen: »Dir kann es nie jemand recht machen.« Und dann sucht sich das Nein ein anderes Opfer.

6. Das Erlebnis von Nein als innerer Wertmaßstab

Wie kann man wissen, ob etwas gut ist oder schlecht? Man muss zumindest einmal das Schlechte selbst erlebt haben. An der schlechtesten Erfahrung misst der Verstand alle anderen Erfahrungen und stuft sie ein. Die schlechteste Erfahrung ist der Fixpunkt für das maximale Nein.

Deshalb strahlen Menschen mit vielen positiven Lebenserfahrungen so viel positive, mitreißende Kraft aus. Sie lehnen das Leben nicht ab, weil sie wissen, dass es in der Summe »gut« ausgeht. Viele schlechte Erfahrungen hingegen führen zu der Überzeugung, dass das Leben in der Summe eher »schlecht« abläuft.

Auf jede dieser Überzeugungen zum Leben reagieren andere Menschen. Und so erfüllt sich jede Sichtweise auf Dauer von selbst.

Wenn man bisher in einem Bereich des Lebens von negativen Erfahrungen gefangen war, führt die Kraft des Ja zu einer großen Veränderung. Man wird erfahren, dass man das, was gerade anwesend ist, gar nicht ablehnen muss, ganz gleich, wie es in dieser Sekunde sein mag. Man kann es erst einmal da sein lassen, ohne eine Meinung dazu haben zu müssen.

Dieses neue Bewusstsein nimmt den alten Kräften ihre Macht über das Leben. Der ewige Kreislauf von Befürchtung und Eintreten der Befürchtung kann sich endlich auflösen.

7. Das Nein und der Wunsch, gesehen zu werden

Jeder Mensch möchte von anderen gesehen werden. Er möchte spüren, dass er am Leben ist und dass er Teil dieses Lebens ist. Entweder auf die eine oder auf die andere Art. Wenn nicht durch Wohlwollen und Anerkennung, dann notfalls eben durch die deutliche Ablehnung anderer. Eine solche Ablehnung kann man sich auf einfache Weise selbst erzeugen: Man lehnt die anderen ab. Je deutlicher man seine eigene Ablehnung nach außen sendet, desto deutlicher wird man die Gegenablehnung der anderen in sich spüren. Und dieses Spüren erzeugt ein Gefühl von Lebendigkeit, das immerhin besser ist als das Gefühl, vollkommen bedeutungslos zu sein.

Auffällige Randgruppen führen durch ein sichtbares Nein gegenüber der Gesellschaft eine Ablehnung gegen sich selbst herbei. Diese Ablehnung verbindet sie untereinander und gleichzeitig mit der Gesellschaft um sie herum. Dass sie damit gleichzeitig ein aktiver Teil der Gesellschaft werden, die sie ablehnen, fällt ihnen nicht auf.

8. Das Nein als Sensation

Würden alle Nachrichten über die Welt darin bestehen, dass sich Menschen einigen und alles immer gut verliefe, würden die Nachrichten vielen erst einmal sehr gefallen. Und dann würden sie vielen schnell langweilig werden. Wenn alles reibungslos läuft, ist kein Konflikt in einer Geschichte. Dann gibt es kein Problem zu lösen. Doch unser heutiges Gehirn ist das Ergebnis einer jahrmillionenlangen Evolution des »Problemlösens«. Deshalb interessiert es sich nicht für »keine Probleme«, sondern für aktive Probleme. Wo ein Problem ist, gibt es Arbeit. Wo es Arbeit gibt, da ist auch Sinn und Leben und Daseinsberechtigung.

Ein Nein erschafft oft ein brauchbares Problem. Deshalb erzeugt der Verstand sogar Ablehnung, wenn es nirgends im eigenen Leben einen Grund für Ablehnung gibt. Dann fängt man eben an, die Welt, bestimmte Menschen und Zustände im Allgemeinen oder sogar sich selbst abzulehnen.

Das sind alles Gründe für falsche Ablehnungsgefühle. Aber kann ein inneres Nein nicht auch eine wichtige Führungsbotschaft sein? Ein Bauchgefühl? Ein Signal der Intuition?

Richtig. Es gibt ein Nein, das der Intuition entspringt. Dieses Nein unterscheidet sich deutlich von der üblichen Ablehnung einer Situation oder Person, denn es kommt nicht aus dem eigenen Verstand. Diese intuitive innere Stimme nörgelt nicht an einer Situation herum. Sie ist nicht gekränkt oder beleidigt oder kämpft um Selbstbewusstsein. Die Stimme der Intuition ist nicht das Ergebnis alter Muster und innerer Diskussionen. Sie klingt anders, fühlt sich anders an und ist viel seltener in einem aktiv. Sie diskutiert auch nicht. Diese Stimme sagt nicht: *Ich mag das nicht.* Sie sagt: *Achtung! Tue das nicht.* Intuition warnt spontan oder gibt spontan einen positiven Impuls.

Ja!

»Viele Menschen sind unglücklich, weil sie das
ablehnen, was sie gerade haben, und immer das
wollen, was sie gerade nicht haben. Das ist der
unbewusste, ungesehene innere Mechanismus
von Unzufriedenheit. Das innere Ja zu dem,
was gerade da ist, beendet die Ablehnung des
bereits anwesenden Glücks.«

KAPITEL 3

Ja!
Der Weg vom Nein zum Ja!

Das Licht der Bewusstheit

Widerstand zu haben und ihn zu äußern ist tief im Grundprogramm des Verstandes verankert. Um hier eine Veränderung herbeizuführen, genügt es nicht, seinem Verstand einfach zu sagen: »Ich will ab sofort keinen Widerstand mehr in mir haben.« Es genügt auch nicht zu sagen: »Ich will mich in der Annahme üben.« Eine Minute später macht jemand etwas, was man nicht teilen kann, und die Abwehr beginnt erneut. Der Wunsch, keinen Widerstand mehr zu haben, interessiert den Widerstand nicht. Davon wird er nicht weniger.

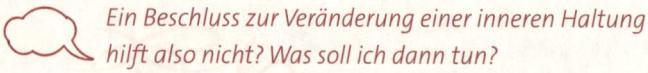 *Ein Beschluss zur Veränderung einer inneren Haltung hilft also nicht? Was soll ich dann tun?*

Ein Beschluss zur Veränderung ist immer gut. Es ist immer der erste Schritt. Doch es ist eben nur der erste Schritt, auf den dann weitere folgen müssen, damit etwas geschieht.

Jedes Programm einer inneren Ablehnung besteht nicht einfach nur aus der Ablehnung einer einzigen Tatsache. Es besteht oft aus mehreren kleinen inneren Neins zu vielen kleinen Tatsachen. Aus diesen vielen kleinen Ablehnungen ergibt sich dann eine Art Schnellversion als Gegenwehr: Das pauschale Nein zu einer Situation, einem Menschen, einer Information, einem Ort oder zu sich selbst.

Doch fast nie gibt es wirklich ein ausschließliches Nein. Es gibt immer nur eine Summe von einzelnen Entscheidungen über gut oder schlecht. Das Unbewusste rechnet unbemerkt alle diese Für und Wider zusammen und sendet das Ergebnis in das Wachbewusstsein.

»Nein, diesen Menschen mögen wir nicht.«

»Nein, diese Arbeit ist nicht richtig für uns.«

»Nein, an diesem Ort wollen wir nicht sein.«

»Nein, diese Beziehung funktioniert nicht.«

Ein solches Nein ist zerstörend, denn es bringt der gesamten Lebenssituation in diesem Moment eine Ablehnung entgegen. Diese Situation ist aber gerade Teil des eigenen Lebens. Also lehnt man gerade einen Augenblick lang oder länger das Leben selbst ab.

 *Soll ich dann Ja sagen, auch wenn ich es gerade nicht so fühle?*

Darum geht es im ersten Schritt noch gar nicht. Man sagt, was immer einem in diesem Moment über die Lippen kommt. Auch die Gedanken tauchen auf, wann immer sie wollen, und sagen, was sie wollen. Das muss man nicht gutheißen und auch nicht verurteilen. Man muss es auch nicht wegmachen und nicht verändern.

Der Weg, um einer Ablehnung ihre zerstörende Kraft zu nehmen, liegt darin, sie genau zu untersuchen. Wo finde ich das Nein in mir? Und wo finde ich ein weiteres? Und wo ist noch eines? Jedes einzelne Nein kann angesehen und geprüft werden. Man untersucht, ob man das Detail wirklich bekämpfen muss – oder es auch einfach da sein lassen könnte.

Bedeutet dieser Weg nicht doch letztlich, dass ich lernen muss, alles gut zu finden und alles zu machen, was andere sagen? Bedeutet es Selbstaufgabe?

Man gibt gar nichts auf, außer den inneren Kampf gegen sich selbst und gegen das eigene Leben. Und das ist kein großer Verlust.

Wie kann ich mir das vorstellen? Ich spüre keinen solchen Kampf in mir.

Und doch ist er fast immer da. Wenn Sie zum Beispiel die Nachrichten einschalten und die Ereignisse in der Welt verfolgen, werden Sie etwas davon vielleicht schlimm finden. Wie sich Menschen behandeln, was jemand tut, welche Entscheidungen die Politik trifft oder welche Aussage eine bekannte Persönlichkeit macht. Dann regt man sich über etwas auf, mit dem man absolut nichts zu tun hat. In Wahrheit sieht oder hört man nur eine Meldung. Und dennoch löst es einen Ablehnungsprozess aus, der in einem nachschwingt.

Dieses innere Echo erzeugt dann eine negative Grundstimmung, zu der man sich wieder ins Gleichgewicht bringen muss. Vielleicht sucht man dann schnell eine positive Meldung. Oder man tauscht sich mit einem Freund über diese negativen Meldungen aus, um ein abschließendes Urteil über die Persönlichkeit, die Politik oder das Ereignis zu bekommen.

Der ganze Vorgang kostet innere Aufmerksamkeit und Kraft und Lebensfreude, obwohl am Ende für einen persönlich überhaupt nichts dabei herauskommt. Und die Ursache für alles war nur eine Information und eine innere Ablehnung.

Es ist immer derselbe Vorgang, ganz gleich, ob es um das Verhalten eines Kollegen geht, um den Ablauf einer Beziehung, um die Aussage einer anderen Person oder um etwas anderes.

Die ständige Bewertung und Ablehnung finden unbewusst statt und verbrauchen viel Lebenskraft. Im Licht der eigenen Bewusstheit können sie jedoch nicht mehr so ablaufen wie bisher.

Um sich den versteckten Ablauf bewusst zu machen, ist es gut, das, was man *Zustimmung* nennt, von dem zu trennen, was man *Annahme* nennt. Wenn Sie etwas annehmen, müssen Sie ihm deshalb noch lange nicht zustimmen.

Ja!

»Mit jedem inneren Nein zu etwas,
was einfach nur gerade vorhanden ist,
verletzt man sich selbst.«

Das innere Ja und das äußere Ja unterscheiden lernen

Wie schon gesagt, gibt es ein inneres Ja und ein äußeres Ja. Das innere Ja ist die Annahme dessen, was in einem selbst vorgeht. Das äußere Ja ist die Annahme dessen, was um einen herum geschieht. Beides hat noch nichts damit zu tun, eine Situation gut zu finden oder laut »Ja« zu sagen. Das wäre dann Zustimmung.

Solange die inneren Prozesse unbewusst und automatisch ablaufen, wird sich in herausfordernden Situationen alles vermischen. Da ist eine Situation und das, was jemand sagt oder tut. Und da sind die eigenen Reaktionen und Gefühle. Und irgendwie reagiert man oder sagt selbst etwas. Da ist keine wirkliche Klarheit darüber, was gerade geschieht. Man könnte am Ende oft gar nicht erklären, warum man schon wieder automatisch Nein gesagt oder in Ablehnung gedacht hat.

»Ich wollte eigentlich gar nicht schon wieder dagegen sein. Ich wünschte, ich hätte nicht so abwehrend reagiert. Am liebsten hätte ich die Situation sofort verlassen, und gleichzeitig ärgere ich mich über mich selbst, dass das immer wieder in mir abläuft.«

Der wache Verstand bemerkt sehr wohl, dass die automatischen Reaktionen aus dem Unterbewusstsein nicht stimmen. Doch er kann nicht viel dagegen tun, außer sich hinterher Vorwürfe zu machen.

Das ändert sich grundlegend, wenn Sie beginnen, die Situation nachträglich genau anzusehen. Und dafür genügen drei einfache Fragen, die wir gleich ansehen werden.

Kann man Ja zum Leben sagen und gleichzeitig um oder gegen etwas kämpfen?

Der Kampf um etwas oder gegen etwas muss nicht grundsätzlich schlecht sein. Es ist zunächst einmal nur eine Form von Verhalten und von Selbstausdruck. Kampf kann für einen Menschen, der den Kampf immer gescheut hat und dadurch unterdrückt wurde, der angemessene Weg sein, um endlich seinen Platz im Leben einzunehmen.

Wenn das einmal so ansteht, dann sagen Sie Ja zu diesem Kampf. Sagen Sie Ja zu Ihrem Weg. Wenn gekämpft werden muss und Sie lehnen das in sich ab, kämpfen Sie gegen sich selbst. Sagen Sie Ja zu dem, was in Ihnen stattfindet. Bringen Sie Ihre klaren Überlegungen mit hinzu, und entscheiden Sie dann ganz bewusst und ohne Emotionen, dass nun das Erlernen von Durchsetzung der eigenen Bedürfnisse ansteht.

Es geht dabei nicht um die Verletzung einer anderen Person. Wie gesagt, wäre es nicht gerade diese, so wäre es stattdessen jene. Sie brauchen nicht ein Nein gegen eine andere Person richten, sondern nur ein deutliches Ja zu Ihrer eigenen Person geben.

Die Chancen zur Annahme in jeder Situation erkennen lernen

Gut, ich verstehe, dass ich Dinge akzeptieren kann und dennoch meinen Weg der Veränderung weiter gehen kann. Dennoch habe ich ein Problem damit, in jeder schwierigen Situation, zum Beispiel mit einem Partner, eine innere Zustimmung finden zu müssen. Das klingt, als müsste ich mich umprogrammieren.

So ist es nicht. Hier gibt es einen großen Trick des Verstandes. Der Verstand denkt, annehmen würde bedeuten: Gutfinden-Müssen, Akzeptieren-Müssen, Lieben-Müssen, Sich-unterwerfen-Müssen. Er denkt, etwas anzunehmen bedeutet: Ich bin noch nicht gut genug. Ich muss einen Lernprozess durchlaufen, um aus meiner schlechten Meinung (meiner Ablehnung) eine neue, bessere Meinung (meine Annahme) zu machen. Diese neue Meinung lautet dann, dass ich zu etwas oder zu einer Person Ja sagen muss, obwohl ich es in Wahrheit doch gar nicht befürworte.

Das ist nicht gemeint, wenn es um Annahme geht. Annehmen bedeutet nicht: *Gut finden.* Annehmen bedeutet: *Es gar nicht finden müssen.* Annehmen bedeutet, kein Urteil zu haben, sondern nur wahrzunehmen, dass es so da ist, wie es da ist. Nur zu dieser Anwesenheit sagt man innerlich Ja.

Eine Blume auf einer Wiese müssen Sie nicht gut finden, um die Tatsache anzunehmen, dass sie dort wächst. Sie können die Blume einfach nur betrachten und sich an der Schönheit und ihrer Anwesenheit erfreuen. Sie müssen nicht denken: Das ist eine gute Blume, die mag ich. Und dennoch nehmen Sie die Blume und ihr Dasein in diesem Moment vollkommen an. Die Natur ist ein perfektes Vorbild, denn in ihr ist nichts gut oder schlecht. Die Natur fällt kein Urteil. Sie ist einfach immer nur so, wie sie ist.

Ja!

»Ja, und ich muss es nicht bewerten.
Ja, und ich muss daran nichts verändern.
Ja, und ich muss weder dafür noch dagegen sein.«

KAPITEL 4

Ja!
und die drei Fragen
für den inneren Schalter

Der Beginn der Transformation

Der Weg, um die Ablehnung aus dem eigenen System verschwinden zu lassen, liegt darin, die verborgenen inneren Neins aufzuspüren und sich zu entscheiden, ob man sie auch im Licht der eigenen Bewusstheit weiterhin unterstützen möchte. Der unbewusste Teil des Verstandes hat nur scheinbar unendlich viele Varianten, um Leid zu erzeugen. In Wahrheit spielt er mit wenigen Varianten immer das gleiche Spiel. Er überprüft immer drei Ebenen des Geschehens:

- den Ort,
- die Situation
- und sich selbst.

Auf jeder dieser Ebenen trifft er eine Entscheidung über Annahme oder Ablehnung, über gut oder nicht gut. Darüber, ob Glück oder Leid entstehen wird.

Auf jeder dieser Ebenen können Sie sinnlose Ablehnung in eine positive Kraft verändern. Im Licht Ihrer Bewusstheit kann ein haltloses Nein nicht überleben. Es wird sich auflösen und Sie freigeben.

Mit den folgenden drei Fragen prüfen Sie, wo sich die Neins gebildet haben und ob Sie das zulassen möchten. Untersuchen Sie die innere Haltung zum Ort, zur Situation und zu sich selbst auf Ablehnung. Die drei Fragen sind so einfach, dass man sie sich gut merken und sie in jeder Situation anwenden kann. Und dennoch finden diese Fragen den versteckten Widerstand in Ihrem Unterbewusstsein und leiten die Veränderung ein.

Später lernen Sie, diese drei Fragen auf Ihre Lebensbereiche und auf konkrete Situationen anzuwenden. Nachdem Sie dies einige Male getan haben, wird diese innere Ablehnungsüberprüfung immer mehr wie von selbst stattfinden. Dann haben Sie einen grundlegenden Transformationsprozess in Bewegung gesetzt.

Ja!

»Zwischen Dafürsein und Dagegensein
gibt es einen dritten inneren Zustand.
Und in diesem Zustand ist das höchste Glück
verborgen.«

DAS JA! UND DIE DREI FRAGEN
FÜR DEN INNEREN SCHALTER

Ja!

ZUM ORT

Die erste Frage:
Gebe ich dem Ort ein Ja?

»Darf der Ort hier so sein, wie er ist? Darf alles hier so anwesend sein? Auch ich?«

Wenn etwas an einer Situation abgelehnt wird, ist oft der Ort selbst von Bedeutung. Das Unterbewusstsein hat einen ganz einfachen Reflex, der ihm sagt: »Wenn schlechte Gefühle da sind, lauf weg.« Es wird nicht groß gefragt, *warum* schlechte Gefühle da sind, dafür war in der Frühzeit unserer Vorfahren kein Raum. Heute ist es hingegen nur selten die beste Lösung wegzurennen, wenn schlechte Gefühle in einem aufkommen. Das weiß der gebildete Verstand natürlich. Er hat gelernt, mit Situationen umzugehen. Und dennoch ist in jedem von uns der unbewusste Reflex noch vorhanden. Hier liegt die erste Möglichkeit, nach einer inneren Ablehnung zu sehen und sie ins Licht der Bewusstheit zu holen.

Dabei muss an der Situation selbst erst einmal gar nichts verändert werden. Man sieht nur nach, wo die Ablehnung steckt. Wo ein innerer Schalter auf Nein gesprungen ist.

»Gebe ich dem Ort hier ein Ja, so, wie er gerade ist? Gebe ich mir selbst die vollkommene Erlaubnis, hier anwesend zu sein? Kann ich sagen: Ja, es liegt kein Fehler darin, in diesem Moment hier zu sein?«

In unangenehmen Situationen habe ich tatsächlich manchmal das Gefühl, einfach nur weglaufen zu wollen. Wird das durch ein Ja zum Ort verschwinden?

Das Gefühl, einfach nur weglaufen zu wollen, wird verschwinden, wenn in einem selbst kein Kampf mehr gegen die gesamte Situation stattfindet. Sich anzusehen, ob der Ort selbst eine Schuld hat, die ein inneres Nein rechtfertigt, ist der erste Schritt.

Wenn das Unterbewusstsein zum Ort selbst ein Nein gibt – und das kommt oft vor –, ist jede andere Bemühung, aus einer Situation den inneren Widerstand herauszunehmen, zum Scheitern verurteilt.

»Nein, hier will ich jetzt nicht sein. Nicht in diesem schrecklichen Firmengebäude. Nicht in diesem engen Büroraum. Nicht in diesem lauten Hotel. Nicht in diesem überfüllten Zug. Ich will woanders hin.«

Ja, es ist normal, dass man unangenehme Orte verlassen möchte. Wenn das geht und damit ein Problem tatsächlich beseitigt wird, ist es die beste und einfachste Lösung. Doch jetzt, in diesem Moment, sind Sie genau an diesem Ort. Und diese Tatsache ist die Wahrheit. »Ja, jetzt bin ich hier. Und darin liegt kein Problem.«

Wenn Sie in einem vollen Zug sind und sich innerlich dagegen wehren, wird sich der Zug dadurch nicht leeren. Wenn Sie in einem lauten Hotel schlafen müssen und sich innerlich gegen das Rauschen des Verkehrs wehren, wird das den Verkehr nicht verändern. Die Umgebung interessiert sich nicht für Ihre Ablehnung. Ein Nein zur Umgebung wird nur den Ablehnungskampf in einem selbst am Leben erhalten.

Mit der ersten Frage »Gebe ich dem Ort ein Ja?« fragen Sie sich: »Ist der Ort hier an sich falsch? Oder ist er einfach nur so, wie er ist, und ich mag ihn vielleicht nicht?« Wenn der Ort an sich nicht falsch ist, können Sie ihm ein Ja geben. Das bedeutet nicht, dass Sie ihn lieben. Es bedeutet nur, dass Sie ihn so sehen, wie er ist. Und dass dieses Sehen kein Grund für eine Ablehnung ist.

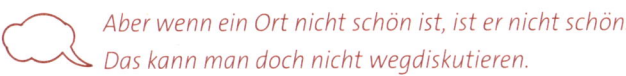

Aber wenn ein Ort nicht schön ist, ist er nicht schön. Das kann man doch nicht wegdiskutieren.

Dem Ort an sich ein Ja zu geben bedeutet nicht, ihn gut oder schön finden zu müssen. Dem Ort ein Ja zu geben bedeutet nicht, sich seine Eigenschaften schönreden zu müssen. Es bedeutet nur, ihn so zu sehen, wie er ist, ohne ihn sinnlos und kräfteraubend zu bekämpfen. Falls er nicht schön ist, bedeutet das Ja: »Ja, genau so ist dieser Ort hier. Und er löst in mir ungute Gefühle aus.« Falls er hingegen schön ist, bedeutet das Ja ebenfalls nur: »Ja, so ist dieser Ort.« Mehr nicht.

Und das soll etwas verändern? Das verstehe ich nicht.

Die Nicht-mehr-Ablehnung des Ortes ist der erste große Schritt zu einer grundlegenden Veränderung. Wenn Sie zum Beispiel ganz einfach nicht in einem bestimmten Büro mit einem bestimmten Kollegen an einer bestimmten Aufgabe sitzen möchten, helfen dagegen weder mehr Gehalt noch Blumen noch ein schönes Bild an der Wand. Sie wollen ganz einfach nicht hier sein, weil Sie das Gefühl haben, dass Ihr ganzes Leben eigentlich etwas anderes für Sie bereithält oder -halten sollte.

Das Unglückliche an diesem Zustand ist, dass der Widerstand gegen die Umgebung dafür sorgen kann, dass die Umgebung sich langsam, aber sicher gegen einen richtet. Und das macht alles noch schlimmer. Irgendwann sorgt das innere Nein zur eigenen Anwesenheit an einem Ort von ganz allein dafür, dass es einem schlecht geht und man am Ende auch noch reale Probleme mit der Umgebung bekommt. Dann ist es, als ob einen die Umgebung irgendwann ausspuckt, nur deshalb, weil man sie lange genug abgelehnt hat.

> *Ich kann mir nicht vorstellen, dass ein Ja zu einem unschönen Ort etwas verändern soll. Wie geht das?*

Es gibt die Geschichte von einem amerikanischen Geschäftsmann, der nach Indien versetzt wurde, um dort eine Produktionsstätte seines Arbeitgebers zu betreuen. Er war noch nie zuvor in Indien gewesen, und als er allein in Bombay, dem heutigen Mumbai ankam, stürmten unzählige neue Eindrücke auf ihn ein. Mumbai ist einer der größten, lautesten, überfülltesten und an vielen Stellen schmutzigsten Orte in Indien. Wenn man in manchen Vierteln auf die Straße geht, ist es, als würde man in ein Chaos aus Menschen, Gerüchen, Schmutz, Lärm und Enge eintauchen. Das traf den Geschäftsmann wie ein Hammerschlag. Er ließ sich so schnell wie möglich in sein Hotel in der Stadtmitte bringen, zog sich auf sein Zimmer zurück und dachte: »Was habe ich nur getan. Ich habe zu Hause alles abgebrochen und mich allein an diesen fürchterlichen Ort versetzen lassen. Und hier muss ich mindestens ein Jahr verbringen.«

Nach einer Weile verließ er sein Hotel. Allein die Straße vor dem Hotel entlangzugehen war für den Mann der reine

Albtraum. Überall saßen Menschen auf den Gehwegen, hielten ihm Waren entgehen, berührten ihn oder sprachen ihn an. Dazu kamen der laute, völlig chaotische Verkehr und die feuchtwarme, schmutzige Luft, die jeden Atemzug zu einer Anstrengung machte. Jeder Schritt erschien dem Mann wie eine Last. Alles in ihm rief: »Es ist laut, es ist fremd, es ist schmutzig. Alles hier macht mich unglücklich. Ich will weg hier, nach Hause.«

Nach einigen Tagen war der Mann vollkommen erschöpft. Er wollte sein Zimmer nicht mehr verlassen. Selbst der Gang ins Hotelrestaurant war ihm zu viel. Als er in seinem Zimmer, auf dem nach Mottenkugeln riechenden Sofa, sein Mittagessen einnahm und sich seine Gedanken noch immer im Kreis drehten, kam ihm plötzlich eine Erkenntnis. Er bemerkte, dass ein einziger Gedanke alles andere in seinem Kopf bestimmte. Dieser Gedanke sagte: »Das alles hier ist einfach nur schrecklich. Dieses ganze Mumbai, wahrscheinlich sogar das ganze Indien, ist ein einziger großer Albtraum.«

In dem Moment, als er diesen Gedanken von außen betrachten konnte, wurde ihm eines klar: Falls er diese Haltung in sich weiterhin zuließ, würde er in den kommenden Monaten richtig krank werden. Eine innere Stimme sagte: »Du stehst vor der Wahl: Entweder du nimmst es an, so wie es ist, oder du gehst daran zugrunde.«

Der Mann traf eine Entscheidung und mit dieser neuen Haltung ging er vor die Tür. Vor dem Hotel schlugen ihm wieder die bekannte Hitze, der Lärm und die fremden Gerüche entgegen. Doch etwas war anders geworden. Nun lehnte er das, was er gerade erlebte, nicht mehr ab, sondern tauchte darin ein. Er ging viele Stunden durch die Straßen, sah sich in

Ruhe die Geschäfte und Restaurants an. Immer wieder setzte er sich hin und beobachtete den Fluss aus Menschen und Fahrzeugen, und währenddessen dachte er, dass ihm all dies eigentlich nichts antat. Er saß hier und das Mumbai um ihn herum bewegte und verhielt sich, wie es sich in jeder Minute auch ohne ihn bewegen und verhalten würde. Mitten in all diesem scheinbar unerträglichen Stress fühlte er sich plötzlich frei, weil er erkannte, dass an Mumbai nichts falsch war. Das war der Moment, von dem der Geschäftsmann noch viele Jahre später immer wieder erzählte. Er hatte den Widerstand gegen Indien aufgegeben, und Indien hatte ihn in sich aufgenommen. So konnte er dort über drei Jahre lang seine Arbeit tun und diese Zeit als große Bereicherung seines Lebens erleben. Später sagte er, er glaube, er habe eine kleine innere Erleuchtung erfahren, die ihm für sein ganzes späteres Leben nützlich war.

Ja!

»So können Sie ein Ablehnungserlebnis für sich positiv nutzen: Verlassen Sie einen Ort, den Sie ablehnen, erst dann, wenn Sie das Nein zu diesem Ort in sich gefunden haben und der Ort sein darf, wie er ist.«

ÜBUNG
Wie fühle ich mich an diesem Ort?

Sehen Sie sich in dieser Woche ganz bewusst an den Orten um, die Ihnen begegnen. Vielleicht ist es ein Verkehrsmittel, Straßen und Plätze auf Ihrem Weg oder Ihr Wohnzimmer. Oder morgen früh ein Büro oder ein Geschäft, das Sie betreten. Fragen Sie sich: Wie fühle ich mich jetzt und hier? Und: Darf dieser Ort hier so sein, wie er gerade ist?

Mit dieser einfachen Übung aktivieren Sie Ihr Bewusstsein darüber, dass in Ihnen ein innerer Schalter zum Ort existiert. Später werden wir hinsehen, wie sich das in Beziehungen, Beruf, Geld und so weiter auswirkt.

Viele Menschen haben im Zusammenhang mit Orten Folgendes erlebt: Man wohnt oder arbeitet an einem Ort und findet etwas daran gar nicht schön. Da ist ein innerer Widerstand, der einfach nur sagt: Du musst weg von hier. Und dennoch kann man nicht weg, weil die Umstände es irgendwie nicht zulassen. Als würde der Ort einen noch nicht freilassen wollen.

Irgendwann verlässt man dann den Ort und ist an einem anderen, schöneren, besseren Platz. Von dort aus blickt man zurück und stellt fest: So lange, wie ich den alten Ort verändern wollte, so lange, wie ich ihn nicht gut fand, kam ich kaum davon weg. In dem Moment, als ich schon fast keine Kraft mehr hatte, dagegen anzugehen, und mich in mein scheinbares Schicksal fügte, kam das Neue. Der Ort ließ mich los, als ich meinen inneren Kampf gegen den Ort los-ließ. Und dann war es zu einem Teil fast ein wenig schade, dass ich gehen musste, wo ich mich doch gerade erst damit angefreundet hatte.

Wenn der eigene innere Widerstand verschwindet, gibt das Leben den Weg wieder frei. Dann kann es wieder fließen. Das ist die Wirkung von Annahme.

DAS JA! UND DIE DREI FRAGEN
FÜR DEN INNEREN SCHALTER

Ja!

ZUR SITUATION

Die zweite Frage:
Gebe ich der Situation ein Ja?

»Darf diese Situation hier stattfinden, so wie sie geschieht? Ist es in Ordnung, dass ich dabei anwesend bin?«

Man kann einer Umgebung, einem Ort, ein Ja gegeben haben und gleichzeitig das, was gerade in dieser Umgebung geschieht, die Situation, ablehnen. In so einem Fall würde eine Veränderung der Umgebung das Problem, das man gerade erlebt, nicht beseitigen. Eine Flucht würde nichts verbessern, denn die Situationen verfolgen einen unabhängig von den Orten, an die man geht.

Man hat zum Beispiel ein Beziehungsproblem und verlässt den Ort, an dem man das Problem erlebt. Vielleicht sogar die Person. Und irgendwann kommt dasselbe Problem an einem anderen Ort mit einer anderen Person wieder. Und dann wieder. Wie ein unendliches Laufrad. Weil der innere Schalter noch immer in derselben Situation auf Nein springt, zieht er diese Situation immer wieder aufs Neue an. Sobald man sich dessen bewusst wird, kann man die nächste Gelegenheit für einen Transformationsprozess nutzen und in sich untersuchen, wo man immer wieder gegen dieselbe Situation ankämpft.

Eine Situation besteht, soweit es das Wachstum des Bewusstseins betrifft, immer aus zwei Teilen: dem *Ansehen* und dem *Annehmen.* Es gelingt deshalb oft nicht, eine Situation anzunehmen, weil man um den ersten Schritt nicht weiß. Man versucht sich oft schon im Ja zu der Situation selbst, ohne sie überhaupt vollständig angesehen zu haben. Doch das geht nicht wirklich. Es ist dann so, als würde man einen Vertrag unterscheiben, den man nur als Papierstapel überflogen hat. Eine solche Unterschrift wäre wie ein Ja zu etwas, von dem man gar nicht weiß, was es genau beinhaltet. Ein solches Ja gibt der auf Sicherheit bedachte Verstand sehr ungern.

Wenn jemand sagt: »Ich kann das Annehmen nicht lernen«, dann liegt es daran, dass er noch nicht alle einzelnen Teile angesehen hat. Deshalb sehen Sie sich am besten als Erstes nur die Situation an und geben sich selbst beim Ansehen ein Ja. Mehr nicht.

»Bin ich bereit, diese Situation überhaupt anzusehen, so wie sie in dieser Sekunde ist?« Das ist das Ja zur Anwesenheit der Situation.

Gut, ich sehe, was gerade geschieht. Und ich gebe nur dieser Tatsache ein Ja. Und dennoch kann es sein, dass mir nicht gefällt, was geschieht, dass es in mir Abwehr auslöst. Muss ich dem auch zustimmen?

Nein, natürlich nicht. Man muss niemals etwas zustimmen, was Abwehr auslöst. Das wäre gegen die eigene Integrität, es wäre ein Lippenbekenntnis. In einem Moment, in dem man Abwehr in sich spürt, ist auch dies ein Teil der Situation. Dann gibt man sein Ja dieser Abwehr in einem selbst. Sie darf anwesend sein.

»Nein, das hier will ich nicht erleben. Das ist nicht gut. Das muss anders ablaufen.« Solche Gedanken sind normal. Und sie sind eindeutig jetzt gerade vorhanden. Dem können Sie Ihr bedingungsloses Ja geben. Dann müssen Sie Ihre

Gedanken nicht mehr bekämpfen. Und damit geben Sie sich selbst ein Ja.

Also bedeutet ein Ja zur Situation nur, dass ich wahrnehme, was geschieht, und es nicht bekämpfe?

Es bedeutet, dass ich wahrnehme, was geschieht. Und sonst nichts. Das innere Ja zur Situation hat nichts mit bekämpfen oder nicht bekämpfen zu tun. Man kann sich später im Kämpfen üben, falls man möchte oder man es muss. Das innere Ja zu einer Situation bedeutet zunächst nur, dass man der Situation selbst das Recht gibt, da zu sein, weil sie ohnehin da ist.

Wenn ein Mensch in einem Boot auf einem See rudert und Sie sehen das, können Sie dieser Situation ein bedingungsloses Ja geben. Es ist das, was gerade geschieht, weder gut noch schlecht. Der See. Ein Boot und ein Mann, die sich bewegen. Da gibt es nichts zu bekämpfen und nichts zu üben. Das ist die Situation in diesem Moment. Und nur darum geht es gerade. Wir werden später anhand der Lebensbereiche und Lebenssituationen sehen, wie das im jeweiligen Fall umgesetzt werden kann.

Ja!

»Finden Sie jeden Abend ein Ja für den Tag,
den Sie erlebt haben. Und ein Ja für den Tag,
der morgen kommt.«

DAS JA! UND DIE DREI FRAGEN
FÜR DEN INNEREN SCHALTER

ZUM SELBST

Die dritte Frage:
Gebe ich mir selbst ein Ja?

»Darf das, was in mir abläuft, auch wirklich so geschehen? Ist es in Ordnung, was es in mir auslöst?«

Eine Situation besteht aus dem, was Sie von ihrem Ablauf wahrnehmen, und aus dem, was Sie in sich selbst wahrnehmen. Beides ist zunächst einmal nichts anderes als die Wahrheit in Ihnen selbst. »Dort ist jemand, der diese Dinge zu mir sagt.« Das ist die Situation, die man beobachtet.

»In mir erzeugt das dieses Gefühl von Angst im Bauch.« Das ist die Situation in einem selbst.

Keines von beidem ist ein Grund, es abzulehnen. Es ist in diesem Moment einfach nur das, was anwesend ist. Erst danach denken Sie darüber nach, ob Sie all das auch wollen. Erst danach beginnt der Kampf gegen die Situation in einem selbst. Und hier haben Sie wieder die Wahl, Ja zu sagen oder es abzulehnen.

»Ja, so ist es. Und nun werde ich dem etwas entgegensetzen. Ich werde meine Meinung sagen. Ich werde um meine Position kämpfen.«

Das kann man tun. Doch jetzt ist es ganz anderes als zuvor, als Sie vielleicht noch automatisch der ganzen Situation eine Ablehnung entgegenschleuderten. Nun gehen Sie mit einem Ja in die anstehende Aufgabe. Sie nehmen die Situation an und kämpfen nicht mehr einen inneren Kampf gegen die Ablehnung. Sie kämpfen *für* etwas, nicht *dagegen*.

Das ist ein großer Unterschied.

Ich fühle mich manchmal angegriffen, und dann kann ich nicht in Ruhe nachdenken. Wie soll ich in so einer Situation das Ja in mir finden?

Wenn Sie eine Situation als Angriff gegen sich selbst erleben, werden Emotionen aktiviert. Das ist in diesem Moment die Wahrheit in Ihnen selbst. Oder besser: die Wahrheit in Ihrem Körper.

Geben Sie diesem Moment ein Ja. Lassen Sie ihn anwesend sein. Nichts ist falsch an den Abläufen in Ihrem Körper, also warum sie ablehnen? Das ist das Ja zum Selbst. Was immer in Ihnen selbst gerade geschieht, nehmen Sie an. Das geht auch in kritischen Situationen, weil man kein Konzept braucht. Es ist keine Technik. Nur eine kurze Entscheidung, in welche Richtung der Schalter springen darf, damit kein automatisches Unglück entsteht.

Wenn Gefühle aufkommen, werden gleichzeitig Gedanken aktiviert. Vielleicht sind es Gedanken von Ablehnung. »Warum geschieht das schon wieder? Das will ich nicht. Ich muss fliehen. Ich muss etwas dagegen tun.«

In diesen Gedanken liegt kein Fehler, denn sie sind ja einfach nur da. Wie könnte etwas, was bereits als Realität anwesend ist, ein Fehler sein?

»Ja, da sind diese Gedanken von Abwehr in mir. Da sind diese Gedanken, die ich als schlecht einstufe. Gedanken, von denen man mir immer sagte, ich sollte sie nicht haben. Und dennoch sind sie anwesend.«

Das ist die Wahrheit, und dazu können Sie Ihr Ja geben. Es ist Ihr Ja zur Anwesenheit der Gedanken in Ihnen. Damit beenden Sie die Selbstablehnung, den ewigen inneren Krieg.

Und wenn der Krieg in Ihnen selbst verschwindet, wird auch der Krieg um Sie herum verschwinden.

Die Frage zum Ort: *Darf es da sein?*
»Finde ich eine Möglichkeit, dem, was mich in diesem Moment umgibt, ein Ja zur Anwesenheit zu geben?«

Die Frage zur Situation: *Darf es ablaufen?*
»Finde ich eine Möglichkeit, den Ereignissen in diesem Moment das Recht auf ihr Stattfinden zu geben?«

Die Frage zum Selbst: *Darf in mir geschehen, was gerade geschehen möchte?*
»Kann ich das, was in mir abläuft, anwesend sein zu lassen?«

Ja!

»Manchmal findet man kein inneres Ja mehr.
Weil man keine Kraft mehr hat oder weil man es
einfach nicht finden will. Dann gibt man auch diesem
Zustand in sich selbst ein Ja.«

KAPITEL 5

Ja!
und die Bereiche
Ihres Lebens

Die Kraft der Annahme

Je mehr Situationen Sie finden, in denen Sie ein Nein zu einem Ja transformieren können, desto mehr wird sich Ihre gesamte Realität verändern. Jedes Stück an Ablehnung, das von Ihnen verschwindet, sorgt dafür, dass Ihr Leben erfüllender und glücklicher abläuft. Dass mehr angezogen wird, zu dem Sie Ja sagen können. Jedes verschwundene Nein lässt den Geist stiller werden, weil er ein Problem weniger hat. Sie gewinnen immer mehr Kraft und Klarheit für das, was Sie wirklich erreichen möchten.

Mit neuen Augen sehen

Das Erkennen einer Ablehnung, wo gar keine Ablehnung nötig ist, verändert sofort die eigene Sichtweise der Situation. Als würde ein Schleier von den Augen verschwinden und den Blick auf eine neue Welt freigeben. Das System aus Gedanken und Emotionen zu einem Thema erfährt einen rapiden Wechsel.

Allein schon diese neue Sichtweise verändert die gesamte Situation, denn nun reagiert man nicht mehr wie vorher. Man zieht nicht mehr an, was man bisher anzog, und löst nicht mehr aus, was bisher ausgelöst wurde.

Ohne Widerstand handeln

Manchmal hat man einem Ort, einer Situation, einem Menschen oder sich selbst ein inneres Ja gegeben und dennoch verändert sich nichts im Außen. In einem selbst ist es ruhig, und vielleicht fühlt man sich deutlich friedlicher und glücklicher als zuvor. Im Inneren hat der Kampf ein Ende gefunden. Doch das Außen ist noch wie zuvor. Nun sieht man es zwar anders, doch eine Veränderung tritt noch nicht ein. Dann gibt es einen nächsten Schritt.

»In mir ist ein Ja. Und nun drücke ich es nach außen hin aus.« Dieses Ausdrücken nach außen hin verändert die Situation. Dabei müssen Sie nicht »Ja sagen«. Sie müssen sich niemandem unterwerfen. Sie müssen kein Eingeständnis abliefern oder Ihren Meinungswechsel rechtfertigen. Ihre neue Sichtweise der Situation muss nicht zu einer neuen Diskussion mit anderen führen.

Wenn Sie etwas erkannt haben, müssen Sie das niemandem erzählen. Sie können einfach damit beginnen, es umzusetzen.

DIE BEREICHE IHRES LEBENS

Ja!
in der Partnerschaft

Eine wirklich gute Partnerschaft wird von vielen Menschen als die Erfüllung der Sehnsucht nach Glück und Liebe empfunden. Dieses Glück entsteht, wenn man angenommen, geachtet und geliebt wird und wenn man selbst Annahme, Achtung und Liebe geben darf. Es geht immer um das Ja zum anderen.

Ganz gleich, ob Sie eine freundschaftliche Beziehung oder eine Liebesbeziehung zu jemandem haben, irgendwann hat zwischen Ihnen beiden einmal ein Ja stattgefunden. Zumindest dafür, eine Beziehung zu haben. Viele Partnerschaften scheitern daran, dass ein Teil oder beide kein wirkliches Ja spüren. Da ist immer irgendwo ein verstecktes Nein, selbst wenn der Mund noch so oft Ja sagt. Oder es ist ein: »Ich weiß nicht. Ich überlege noch. Ich kann es nicht sagen. Vielleicht, vielleicht auch nicht.«

Oder der Verstand sagt: »Eigentlich will ich den anderen in meinem Leben haben, aber ich will es nicht so. Ich will ihn oder sie anders haben.« Das ist nicht das Ja zur Beziehung. Das ist ein Ja zu Veränderungswünschen. Und es funktioniert nicht. Man selbst möchte ja auch nicht im Leben des anderen nur unter Vorbehalt sein dürfen. Eine Beziehung, die auf Dauer funktionieren soll, braucht auf allen Ebenen ein vollkommenes Ja zum anderen.

Und auch hier kann man das Ja zur Anwesenheit der Beziehung, zur Situation der Beziehung und zu sich selbst in der Beziehung finden.

Es fühlt sich etwas seltsam an, eine Beziehung auf eine so sachliche Weise zu untersuchen. Es geht doch um Liebe und um Gefühle.

Hier beginnt gerade eine Abwehr des Unterbewusstseins gegen den Transformationsprozess. Der Verstand sagt: »Das darf man sich nicht so genau ansehen, sonst wird alles sachlich. Dann geht das Geheimnis der Liebe verloren, und am Ende wird die Beziehung verloren gehen.«

Aber es ist genau umgekehrt. Wir untersuchen, wo eine Ablehnung ist, die Ablehnung kann sich auflösen, und dabei entsteht Liebe. Es ist ein direkter Ausgleich. Deshalb ist es auch eine grundlegende Transformation im Bewusstsein. Das Ja zur Anwesenheit, zur Situation und zu sich selbst sind der Schlüssel dazu.

Das Ja zur Anwesenheit der Beziehung – der geschützte Raum

Häufig versuchen Paare, miteinander an Details ihrer Beziehung zu arbeiten, dabei hat einer oder haben beide noch nicht einmal ein grundsätzliches Ja zur Beziehung an sich gegeben. Man macht unbewusst das grundsätzliche Ja zum anderen abhängig davon, wie sich alles entwickeln wird. Wie der andere sich entwickeln wird. »Mal sehen …« Das ist ein Ja mit Bedingungen. Ein Ja, das Zugeständnisse einfordert.

Vielleicht kann der andere die Zugeständnisse schon allein deshalb nicht geben, weil man sie von ihm einfordert. Weil man etwas haben will, setzt sich eine unterbewusste Abwehr in Bewegung. Wie ein alter Reflex aus Kindertagen, als ein Elternteil vom Kind Gehorsam oder Leistung forderte.

Wenn man das Ja zur Beziehung abhängig macht von einer Leistung des anderen, wird der andere immer spüren:

ÜBUNG
Die Chance für eine Transformation

Sobald man erkennt, dass zu der Beziehung selbst noch kein Ja stattgefunden hat, kann man wieder näher hinsehen, wo ein Nein unbewusst wirkt. Ein Ja zu einer Partnerschaftsbeziehung besteht aus:
- dem Ja, überhaupt eine Beziehung haben zu wollen
- dem Ja, überhaupt mit einem anderen Menschen sein Leben teilen zu wollen, was nicht dasselbe ist, wie eine Beziehung haben zu wollen
- dem Ja, dass gerade ganz allgemein ein Mensch im eigenen Leben anwesend sein darf und man dafür einen Platz und die Zeit hat und beides auch einräumt
- dem Ja zu diesem speziellen Menschen, der gerade da ist, so wie er ist, auch wenn er einem vielleicht noch unvollkommen erscheint
- dem Ja zu sich selbst, in dem Zustand, in dem man gerade ist. Auch wenn man glaubt, man wäre gerade noch nicht weit genug, gut genug oder heil genug für eine Beziehung

»Falls ich es nicht richtig mache, verliere ich die Beziehung.« Und genau so wäre es ja auch. In dieser Grundstimmung kann sich niemand innerlich entspannen. Er wird sich nicht in der Beziehung geborgen fühlen. So kann sich die Liebe nicht entfalten.

Das Ja der Beteiligten zur Beziehung selbst erschafft einen

geschützten Raum für beide. Innerhalb dieses Raums kann die Beziehung dann ablaufen, ohne jedes Mal wieder in Frage gestellt zu werden. Nur so ist gemeinsames Wachstum auf Dauer möglich. Oft kommt es nicht zu einem solchen geschützten Raum, weil ein Partner zwar ein grundsätzliches Ja gibt, aber der andere nicht. Erst wenn sich beide grundsätzlich ein Ja zueinander geben, kann man in der Beziehung wirklich gemeinsam auf ein höheres Niveau von Bewusstheit kommen. Ansonsten würde die nächste große Hürde ein Nein zur Beziehung selbst auslösen. Und so werden Hürden nicht genommen.

Das sind die grundlegenden Jas zum Stattfinden einer Beziehung an sich. Manchmal fällt dem Verstand etwas davon schwer, weil er glaubt, damit würde er sich ausliefern oder verpflichten. Der Verstand denkt: »Wenn ich ihm oder ihr jetzt mein Ja gebe, dann muss ich das auch einhalten. Dann darf ich nie wieder meine Meinung äußern, falls ich eine andere habe. Weil ich ja grundsätzlich einmal Ja gesagt habe. Ich weiß nicht, ob ich das morgen oder in einem Jahr noch einhalten kann. Dann wird es ein Drama geben, das will ich nicht. Deshalb kann ich kein Ja geben.«

Das habe ich tatsächlich schon so erlebt. Und zwar mir gegenüber. Ich habe diese Angst, über den eigenen Schatten zu springen, beim anderen förmlich gesehen und konnte dennoch nichts dagegen tun.

Und wenn die Situation unerlöst bleibt und andauert, überträgt sich das, und es kommt dieselbe Angst in einem selbst auf. Dann haben die fremden Zweifel zu eigenen Zweifeln geführt.

Das Ja zum anderen ist keine automatische Hochzeit auf Lebenszeit. Es ist keine Bindung und keine Verpflichtung. Es ist einfach nur ein »Ja, wie schön, dass du da bist. Ja, du darfst in meinem Leben sein. Nichts daran ist falsch.« Es ist eine Öffnung des Herzens dem anderen gegenüber in diesem Moment des Zusammenseins. Und dieses Ja kann man immer wieder neu geben.

Das Ja zu einer längeren Beziehung

Die nächste Stufe von Ja zur Anwesenheit einer Beziehung liegt darin, ganz für sich selbst zu entscheiden, was man innerlich tun wird, wenn schwierige Zeiten kommen. Und die werden irgendwann kommen. So eine Entscheidung hat nichts mit dem anderen zu tun. Man fragt sich, was man selbst für ein Typ Mensch ist. Ist man der, der Schwierigkeiten eher aus dem Weg geht und lieber immer wieder eine neue Beziehung eingeht? Das ist nicht gut oder schlecht. Es ist einfach nur eine Entscheidung. Eine Erkenntnis über sich selbst, der man sein Ja geben kann. Oder ist man der Typ Mensch, der weiß, dass es auf einem Meer auch Sturm geben kann und dass man den Sturm mit dem anderen zusammen überstehen wird? Das ist das Ja zu einer längeren Beziehung. Und man gibt es immer sich selbst.

Ja!

»Wenn Sie möchten, dass eine Beziehung sich
voranentwickelt, suchen Sie in sich nach dem
Bekenntnis zum anderen. Wo ist Ihr Ja?
Und wo ist es noch nicht?«

Das Ja zur Situation in einer Beziehung

Wenn man einer Beziehung ein grundsätzliches Ja gegeben
hat, kann sie voranschreiten und sich über die üblichen Ab-
bruchpunkte hinaus entwickeln. Dann erst kann sie wirklich
neue Situationen und Tiefe bringen und nicht immer wieder die alten, gleichen Dinge wie in früheren Beziehungen.
Allein dies zu erleben erzeugt große Momente von Glück.
Dann kann auf das Ja zur Beziehung an sich das Ja zu einer
Entwicklung folgen. So eine Entwicklung besteht aus den
einzelnen Situationen. Und auch hier können Ablehnungen
auftauchen, die man in innere Jas transformieren kann.

Das Ja zum Wachstum

Der innere Schalter im Unterbewusstsein ist darauf einge-
stellt, Probleme zu vermeiden. Besonders im Privatleben,
wo man seine Ruhe und Erholung braucht. In Beziehungen

können genau dadurch Konflikte entstehen, denn keine Beziehung wird immer ohne Probleme sein.

Kleine Probleme sind letztlich keine Probleme. Die Vorteile, eine Partnerschaft zu haben, gleichen die kleinen Probleme aus. Große Probleme hingegen verschwinden nicht einfach im Fluss einer Beziehung. Große Probleme sind wie ein Damm: Sie stauen die Beziehung. Sie verhindern das gemeinsame Wachstum.

Wenn beide ein vollkommenes Ja zum gemeinsamen Wachstum gegeben haben, werden sie bei einem großen Problem nicht einfach den Ort, die Situation oder den Partner verlassen wollen. Dann werden sie bleiben und sich an das Ja erinnern. Darin liegt die Chance für eine gemeinsame Transformation auf eine höhere Ebene von Miteinander. Es ist der Weg zu einer erwachten und am Ende erlösten Beziehung.

Das Ja zu einem Beziehungsproblem

Wachstum findet nicht in den guten Zeiten statt. Die guten Zeiten sind die Belohnung für das Wachstum. Wachstum bietet sich als Möglichkeit immer dann an, wenn ein Problem auftaucht. Das Problem ist der unerlöste Zustand vorher. Das Glück ist der befreite Zustand hinterher. Der Weg dazwischen ist das Wachstum. Lehnt man den Weg dazwischen ab, kann Wachstum nicht stattfinden.

Für eine Partnerschaft bedeutet dies: Wenn man die Tatsache ablehnt, dass Probleme ein ganz normaler Teil auf dem Weg einer Beziehung sind, erschafft man eine Art Masterproblem. Dann gibt man der Beziehung an sich kein Ja.

Dann erwartet man eine Erlösung, ohne den Weg dorthin gehen zu wollen.

Der Umgang mit Problemen in Beziehungen

Der Verstand liebt Probleme, die er durch Nachdenken lösen kann. Hier kann er am Ende gewinnen. Für Probleme, die durch Nachdenken nicht gelöst werden können, hat er in Beziehungen drei Umgangsmöglichkeiten. Und wieder sind Ort, Situation und Selbst die drei Ebenen der Ablehnung:

- »Ich gehe jetzt, dann ist die Sache gelöst.« Das ist der Akt, den Ort zu verlassen. Der Verstand sagt: »Nein, ich will gar nicht hier sein. Wenn ich nicht mehr da bin, ist auch das Problem nicht mehr da. Und das ist meine Lösung.« Der Partner wird allein in der Problemzone zurückgelassen.
- »Ich habe kein Problem. Du vielleicht, aber ich nicht.« Das ist der Akt, die Situation abzulehnen. Der Verstand sagt: »Nein, es ist nicht so, wie es ist. Und das ist meine Lösung.« Das Problem wird verdrängt, indem es ein Nein bekommt.
- »Da ist dieses Problem, und ich fühle mich schrecklich, weil ich es nicht lösen kann. Ich selbst bin unzulänglich, ich habe die Schuld…« Das ist der Akt der Selbstablehnung. Der Verstand sagt: »Die Lösung ist, dass du selbst daran schuld bist.« Das ist das Nein zu sich selbst.

Der unbewusste Verstand kann nicht erkennen, dass in Beziehungen ein Problem auf den Lösungsweg gebracht werden kann, allein dadurch, dass man dem Problem ein Ja gibt. Das Recht, anwesend zu sein.

Ohne dieses Ja ist keine Lösung möglich, bei der die Beziehung intakt bleibt. Ohne es ansehen zu wollen, wird das Problem irgendwann zum Ende der Beziehung führen.

Ich finde, manchmal muss man aus einer Sache einfach kein Problem machen. Man muss nicht alles zerreden, das zerstört manchmal mehr, als es verbessert. Das ist doch in Ordnung, oder?

Natürlich ist es in Ordnung, keine künstlichen Probleme zu erschaffen, wo nur Kleinigkeiten sind. Bei Kleinigkeiten kann man die Kraft der Annahme für sich selbst im Kleinen gut üben. Worum es geht, ist die größere Form von Unzufriedenheit, für die man spürbar und immer wieder Energie braucht, um sie zu unterdrücken. Sie will gesehen werden. Nur so geht nicht ständig weitere Energie verloren.

Beziehung, gegenseitiger Umgang und Liebe

Alle Beziehungen zwischen Menschen haben gemeinsam: Man geht miteinander um. Das ist das Wesen von Beziehung.

Dafür muss noch keine Liebe anwesend sein. Deshalb gibt es Beziehungen mit Liebe und Beziehungen ohne Liebe. Beziehung ist einfach nur ein Miteinanderumgehen.

Damit dieses Miteinanderumgehen geschieht, gibt es eine treibende Kraft: den Austausch von Interessen. Der eine will etwas, der andere will auch etwas. Wo es sich deckt, gibt es kein Problem. Wo es eine Abweichung gibt, liegt die Aufgabe in einer Einigung. Und wo sich keine Einigung auftut, entsteht ein Problem.

In einer Beziehung »kein Problem haben« zu wollen bedeutet, sich nicht mit Einigung beschäftigen zu wollen. Es bedeutet, die Bedürfnisse des anderen nicht wirklich im eigenen Leben anwesend sein zu lassen. Mit einem Menschen kein Problem haben zu wollen bedeutet, keine Beziehung haben zu wollen, sondern eine Ausstattung. Ein menschliches Beiwerk.

Es wird immer wieder abweichende Interessen und Bedürfnisse geben, und es gibt immer wieder Lösungen. Dem kann man ein Ja geben. Viele, die eine gute Partnerbeziehung leben und von sich sagen: »Wir haben selten ein Problem«, meinen bei genauem Hinsehen: »Wir gehen aufmerksam mit dem anderen um. Wir hören einander zu, wir achten einander, in der Absicht, das zu lösen, was sich gerade auftut.« Sie haben einen guten Weg gefunden, nicht nur die Belohnungszeiten, sondern auch die Wachstumszeiten achtungsvoll miteinander zu gehen.

Wenn Sie einem Beziehungsproblem ein Nein geben, erschaffen Sie in sich selbst Ablehnung gegen das, was mit dem Problem zu tun hat. Und das ist Ihr Partner. Geben Sie hingegen den auftauchenden Problemen in einer Beziehung ein Ja, dann geben Sie auch dem Menschen in Ihrem Leben das Recht, anwesend zu sein.

Das Ja zur Nähe in Beziehungen

Das Thema Nähe und Abstand ist in vielen Liebesbeziehungen und Partnerschaften ein großes Konfliktthema. Einer der Gründe liegt darin, dass Nähe keine Grenze hat, ein Mensch aber schon. Wie nahe man sich auch immer stehen wird, es kann immer noch weiter gehen. Die Erfahrungsmöglichkeit von Verbundenheit durch Nähe ist fast endlos. Darin liegt ein großes Geschenk, denn die Entdeckungsreise zur Liebe wird nie enden.

Gleichzeitig hat jeder Mensch als Persönlichkeit ganz individuelle Grenzen. Diese Barrieren sind Abwehrmechanismen, entstanden aus früheren Verletzungen. Der Verstand hat sich gemerkt, dass damals etwas leidvoll war und dass dieses Leid nur entstehen konnte, weil man jemanden zu nahe an sich herankommen ließ.

Der Ursprung so einer Verletzung liegt jedoch nicht in einer verflossenen Partnerschaft. Der wahre Grund ist eine sehr frühe Verletzung, meist durch einen oder beide Elternteile. Das ist lange her. Es lagert im Unterbewusstsein. Der Verstand kann es nicht sehen, und so glaubt er, der Grund für den aktuellen Schmerz wäre die Erlaubnis für zu viel Nähe an den Partner gewesen. Weil er solches Leid künftig vermeiden will, baut er nun eine Grenze gegen zu viel Nähe auf. Auf diese Weise wird das Thema Nähe, Abstand und Freiraum bei vielen Menschen zum zentralen Beziehungsthema überhaupt.

Wenn man Nähe ablehnt, spürt man das Leid unerfüllter Sehnsucht in sich. Und wenn man zu viel Nähe zulässt, spürt man das Leid der alten, versteckten Verletzungen. Komm her – geh weg. So entsteht das endlose Drama. Der Verstand sitzt in einer Falle. Er hat die Aufgabe, weiteres Leid zu verhindern, aber ganz gleich, ob er Nähe zulässt oder sie ablehnt, es erzeugt immer Leid – eine innere Schleife, scheinbar ohne Ausweg, für den Betroffenen eine große Qual.

Wo liegt die Möglichkeit für das Ja? Für eine Erlösung aus dem Kreislauf? Dafür sieht man sich am besten die vier möglichen Gründe an, welche in Beziehungen das Nein gegen mehr Nähe erzeugen.

Ja!

»Ein grundlegendes Besserwerden geschieht
wie von selbst, wenn die grundlegenden Neins
verschwinden. Jeden Tag, eines nach dem anderen.«

Der erste Grund für Abwehr:
Wenn die Nähe übergriffig ist

Jeder Mensch trägt eine Art körperlichen und psychischen Schutzraum um sich herum. Eine unsichtbare Grenze, die nicht vom Verstand aufgebaut wird. Dieser Schutzraum wird durch Gefühle erzeugt. Wenn ein anderer die Grenze überschreitet, ganz gleich, ob versehentlich oder absichtlich, werden die Gefühle aktiviert.

Wo diese Grenze liegt und wie stark die Reaktionen dort sind, ist bei jedem verschieden. Genau hier entsteht das Konfliktpotenzial in manchen Beziehungen. Eine Nähe, die dem einen zu wenig ist, ist dem anderen bereits deutlich zu viel.

Die Achtung des persönlichen Raums ist der Weg. Das vollkommende Ja zu der Grenze des anderen und das Ja zur eigenen Grenze in diesem Moment. Um sich in dieser Achtung zu schulen, kann man üben, die Grenzen genau wahrzunehmen.

ÜBUNG
Achtsamkeit bei Nähe – Das Herz fragen

Wenn beide Beziehungspartner sich für eine gemeinsame Entwicklung entschieden haben, können sie lernen, die eigenen Grenzen und die des anderen zu spüren. Dies geschieht nicht durch Reden. Stattdessen stellt man sich mit Abstand von einigen Metern still in einen Raum. Einer der beiden bleibt ruhig stehen. Der andere hat die Aufgabe, ganz langsam, mit vielen Pausen, auf seinen Partner zuzugehen und dabei innerlich immer wieder nach Erlaubnis für ein Weitergehen zu fragen. Es gibt auf dem Weg zum anderen mehrere Grenzen. So, als würde man unsichtbare Schichten durchschreiten, wie Zwiebelschalen. Innerhalb einer Schicht spürt man – zum Beispiel im Bereich der Brust anhand von Druck oder nachlassendem Druck –, dass man weitergehen kann, bis die Grenze zur nächsten Schicht kommt. Ob eine Grenze da ist, findet man durch achtsames inneres Fragen heraus. Man erkundigt sich in Gedanken beim anderen:

Ist hier eine Grenze? Wenn ja, bleibe ich einen Moment stehen und spüre sie. *Darf ich einen Schritt weitergehen, oder zwei? Bis zur nächsten Grenze?*

Falls ja, gehe ich achtsam und sehr langsam voran. Bis wieder eine Grenze kommt. Und wieder frage ich, ob ein Ja zum Weitergehen da ist. Irgendwann wird ein Gefühl aufkommen, dass es für den anderen genug Nähe ist. Hier ist es gut, stehen zu bleiben, ohne dass es beim anderen

Stress auslöst. Nicht weiter. Das ist die Grenze in diesem Augenblick.

Der andere Partner bleibt während der Übung still an seinem Ort stehen und spürt selbst, wie es ihm dabei geht. Stimmt das, was er vor sich sieht? Ist dort eine Grenze, wo der andere gerade stehen bleibt? Stimmt der Abstand am Ende auch? Oder wurde die letzte Grenze überschritten?

Nach der Übung wechselt man die Rollen. Erst danach tauscht man sich über die Erlebnisse aus.

Was immer jeder Einzelne während dieser Übung erlebt hat, ist weder ein Fehler noch ein Vorwurf an den Partner. Es ist einfach nur das Erleben der Grenzen des Menschen gegenüber, so wie sie sind und was sie auslösen. Und dazu kann man sein Ja geben.

»Ja, ich achte dich vollkommen. Dich, mit deiner Grenze, die durch deine Verletzungen entstanden sind. Nichts daran will ich verändern. Ich möchte es spüren und respektieren lernen. Das ist mein Ja zu dir, so wie du bist.«

Falls ein Partner immer wieder unachtsam und übergriffig ist und nicht bereit, sich in respektvoller Anerkennung zu üben, wird auf Dauer keine erfüllende Beziehung stattfinden können. Dann wird es ein ständiges Ringen um die Grenzen werden. Es gibt keinen anderen Weg für eine funktionierende und nicht abhängige Partnerschaft als die gegenseitige Achtsamkeit. Das Sich-nicht-Verletzen.

»Welcher Tatsache können Sie immer und unter allen
Umständen ein Ja geben? Dass es jetzt gerade so ist,
wie es ist. Und genau hier beginnt der Weg.«

*Ich finde es sehr schwer, den anderen in einer
Problemsituation nicht zu verletzen.*

Ja, das erlebt man so. In Wahrheit verletzen aber nicht Sie
Ihren Partner. Seine Verletzungen sind bereits vorhanden, und Ihre Worte oder Ihr Verhalten lösen sie nur aus.
Oder umgekehrt, sein Verhalten löst Ihre Verletzungen aus.
Diese Emotionen sind nicht Sie. Sie laufen nur in Ihnen beiden ab. Wenn das geschieht, können beide zusammen erleben, wie die Emotionen kommen, hervorbrechen, stattfinden und wieder gehen. Ein Sturm kommt, man hält sich fest,
der Sturm klingt ab, und man geht gemeinsam weiter. Und
das hat überhaupt nichts mit Ihrer gegenseitigen Liebe zueinander zu tun. Es hat auch nichts mit einer Schuld oder
einer Unfähigkeit zur Beziehung zu tun. Es ist kein Zeichen
dafür, nicht zusammenzupassen. Es taucht nur auf, weil es
die Chance sucht zu transformieren. Dem können Sie ein Ja
geben. Und dann können Sie weiter hinsehen, was noch geschieht.

Der zweite Grund für Abwehr:
Wenn die Nähe alten Schmerz auslöst

Nicht die Nähe des anderen erzeugt das innere Leid. Der Schmerz entsteht, weil etwas in einem sich so sehr nach Nähe sehnt und etwas anderes in einem die Nähe nicht zulassen kann. Sich selbst die Nähe nicht geben zu können ist, wie sich selbst zu verletzen.

Der andere trägt dabei keinerlei Schuld. Ohne es zu wollen, ist er nur der Auslöser. Vermutlich wird es ein Partner sein, der eine sehr ähnliche Form von innerem Leid und Verletzungen in sich trägt. Und so aktivieren sich die Ablehnungen von Nähe immer wieder gegenseitig. Manchmal mündet es in Komm-her-geh-weg-Beziehungen. Es geht nicht mit dem anderen, und es geht nicht ohne den anderen.

Nun können Sie nicht so einfach wirklich ein Ja zu einer Situation geben, die in Ihnen automatische Abwehr, also ein Nein erzeugt. Das Nein unterliegt ja nicht Ihrer Entscheidung. Es läuft von selbst ab wie ein Reflex. Und dennoch können Sie auch in dieser Situation Möglichkeiten für ein Ja finden: »Mein Ja gebe ich dir zu deiner Schuldlosigkeit. Du kannst nichts für meinen Schmerz. Und mein weiteres Ja gebe ich dir und deiner Anwesenheit. Du darfst hier sein. Und ich gebe mein Ja zum Fühlen dessen, was in mir selbst geschieht. Ja, das nehme ich an, nichts davon brauche ich abzulehnen, auch nicht, während du hier bei mir bist.« Das ist wieder das Ja zur Anwesenheit am Ort, zur Situation und zu sich selbst.

Das ist ein sehr schöner Gedanke. Es macht mich innerlich frei, dem anderen keine Schuld geben zu müssen. Und es fühlt sich freier an, mir selbst keine Schuld geben zu müssen. Gleichzeitig kommt eine neue Angst in mir auf, dass diese neue Art von Beziehung zu schön werden könnte. Zu tief oder zu intensiv. Gibt es das?

Der dritte Grund für Abwehr: Wenn die Nähe zu schön wird

Ja, das gibt es. Ein Teil des Verstandes denkt immer in Gewinn und Verlust. Zum Gewinn gibt er praktisch immer ein Ja. Zu einem Verlust gibt er meistens ein Nein. Wenn ein Gewinn mit einem Verlust verbunden sein kann, beginnt er abzuwägen: Bis wohin lohnt es sich mitzugehen? Ab wann wird das Risiko für den Verlust zu groß? Nun kann man dann besonders viel verlieren, wenn man besonders viel hat. So ist es auch in der Nähe zum anderen. Wenn man sich eingelassen hat, wenn man viel Nähe zugelassen hat, so denkt der unbewusste Verstand, kann man auch viel Nähe verlieren.

Der Verstand wurde für die Versorgung des Überlebens gebaut, nicht für das Verstehen der Gefühle. Deshalb geht er mit Gefühlen um, als wären sie Dinge. Gewinnen ist immer gut, verlieren ist immer bedrohlich. Gute Gefühle müssen her. Schlechte müssen ferngehalten werden.

Wenn man große Sehnsucht nach Nähe hat, geht es einem besser, sobald die Nähe kommt. Doch das Unterbewusstsein rechnet mit. Es wägt die Verlustwahrscheinlichkeit und den

Schmerz, der im Verlustfall aufkommt, gegeneinander ab. Und irgendwann springt der innere Warnschalter auf Nein. »Nein, ab jetzt mache ich nicht weiter. Ab jetzt wird es gefährlich. Ich lasse mich nicht noch tiefer ein, ich könnte mein Herz verlieren.«

Darin liegt ein großer Irrtum. Der Verstand denkt, Nähe zu erleben würde bedeuten, etwas zu besitzen, was man dann auch wieder verlieren kann.

> *Aber so ist es doch auch. Eine langjährige tiefe Beziehung zu verlieren tut mehr weh, als eine kurze Affäre zu beenden. Man hatte diese große Verbundenheit, und genau dieser Verlust erzeugt am Ende mehr Verlustschmerz.*

Der Verlustschmerz entsteht, weil man plötzlich das Alleinsein wieder spürt. Doch wie war der Zustand vor der Beziehung? Allein. Wie ist der Zustand in einer Beziehung, auf die man sich nicht einlässt? Allein. Wie ist er nach einer Beziehung? Allein.

Was hat man am Ende weniger als am Anfang? Nichts. Es begann mit nichts, und es endet mit nichts. Man kann nichts verlieren. Man kann nur gewinnen, wenn man sich auf Nähe einlässt. Es gibt keinen einzigen sinnvollen Grund, Angst vor Nähe zu haben, weil jede Minute, die man sie erleben darf, eine Bereicherung ist.

Es ist, als würde jemand sagen: Ich will niemals Geld haben, weil ich dann etwas verlieren könnte. Oder: Ich möchte keine schöne Urlaubsreise machen, weil sie dann zu Ende gehen könnte.

Alles wird irgendwann zu Ende gehen. Wenn man dieser

Tatsache ein grundsätzliches Ja gibt, muss man nie wieder Angst vor Nähe haben.

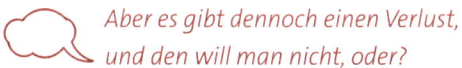

Aber es gibt dennoch einen Verlust,
und den will man nicht, oder?

Ja, natürlich gibt es Trauer darüber, dass ein geliebter Mensch geht, darin liegt kein Fehler. Doch in Wahrheit hat man ihn nie besessen. Man durfte ihn nur erleben. Darin lag das Geschenk. Die Nähe kommt und geht und folgt ihren eigenen Gesetzen. Man hat in Wahrheit nur eine einzige Wahl: dies zuzulassen oder abzuwehren. Ein Ja zu geben oder ein Nein.

Was können Sie in Wahrheit schon verlieren, wenn Sie mehr Nähe zulassen? Niemand gehört einem anderen, auch nicht während den Momenten von tiefster Nähe. Und niemand besitzt Sie, ganz gleich, wie tief die Verbindung auch ist. Ein anderer *erlebt* Sie nur. Nicht einmal der Moment der Nähe selbst gehört Ihnen. Er wird Ihnen vom Leben geliehen, damit Sie ihn fühlen dürfen.

Ein Nein oder eine Angst vor Nähe schützen nicht, selbst wenn der unbeobachtete Verstand es noch so oft suggeriert. Und hier liegt die Möglichkeit für das Ja. Das Ja dazu, dass alles immer nur für diesen einen Moment im Leben ist und dass man es genau so annimmt. Mehr als diesen Moment hat man nie. Und dann kommt ein weiterer Moment, den man wieder annehmen kann. Und wenn das Leben es will, werden noch weitere solche Momente von Nähe kommen, denen man wieder sein Ja geben darf. Darin liegt die Schönheit des Augenblicks, zu der Sie immer und bedingungslos wirklich Ja sagen können.

Falls Ihr Verstand dies alles versteht und dennoch nicht aufhören kann, dieses oder jenes Risiko in der Nähe oder in der Zukunft zu erdenken, dann geben Sie ihm ebenso Ihre ganze Nähe. Sagen Sie zu Ihrem Verstand, während er über dieses Thema nachdenkt: »Ich bin vollkommen bei dir.« So als wäre er in diesem Moment Ihr Partner, der Ihnen von seinen Sorgen berichtet. Geben Sie Ihrem besorgten Verstand das Ja, und seien Sie vollkommen für ihn da.

»Ja, ich verstehe deine Angst. Und ja, man weiß nicht, wohin das alles führen könnte. Und gleichzeitig haben wir nur eines ganz sicher: das, was wir jetzt erleben könnten, wenn wir gemeinsam Ja zu dem sagen, was in diesem Augenblick geschehen möchte.«

Der vierte Grund für Abwehr: Wenn die Nähe letztlich nicht eintritt

Wenn man genau hinsieht, verbergen sich hinter dem, was man als »Geborgenheit« oder »Nähe« sucht, zwei unterschiedliche Sehnsüchte.

- Der eine Teil dieser Sehnsucht ist die Sehnsucht nach Schutz, nach Sicherheit und Beständigkeit für eine Zukunft. Nach Vereinigung mit einem Gegenüber. Nach einem schönen Leben mit einem Wir-Gefühl, das einem sagt, zu zweit geht alles leichter und ist irgendwie auch erfüllender. Das ist die Geborgenheit und Nähe im Menschsein.

- Der zweite Teil der Sehnsucht nach Nähe ist eine große Sehnsucht der Seele. Sie sucht nicht die Geborgenheit in der Welt, bei einem anderen Menschen. Die Seele hat eine spirituelle Sehnsucht nach dem Ort, von dem sie stammt. Es ist wie eine unendliche Sehnsucht danach, endlich nach Hause zu kommen. Diesen Teil wird niemals ein anderer Mensch erfüllen können.

Wenn Sie diese beiden Teile in sich selbst erkennen, werden Sie einen Menschen an Ihrer Seite nicht mehr für etwas verantwortlich machen, was er gar nicht liefern kann. Dann können Sie ihm ein Ja geben für den Teil, der auch erfüllbar ist.

»Ja, ich nehme die Aufgabe, mein spirituelles Glück zu finden, vollkommen zu mir zurück. Ja, ich spreche den anderen von dieser Verantwortung frei. Und ja, ich entscheide mich gleichzeitig für diesen Menschen in meinem Leben.«

So können Sie zusammen Ihre Zeit verbringen, ohne füreinander eine unlösbare Aufgabe zu sein. Ohne eine Last zu werden. So können Sie sich Nähe geben, ohne Angst haben zu müssen, dass dieses nicht genug ist oder jenes zu viel sei. Weil Sie wissen, dass Sie in Wahrheit immer nur eines tun können: da zu sein. Mehr nicht.

Ich habe schon erlebt, dass jemand zu mir sagt, da zu sein würde ihm nicht genügen. Eine Beziehung sollte aus mehr bestehen.

Für jemanden da zu sein, statt innerlich abwesend zu sein, ist ein großes menschliches und spirituelles Geschenk an den anderen. Es ist mehr, als die Wünsche nach diesem oder jenem Verhalten zu erfüllen. Dieses Da-Sein ist keine bedrängende Nähe. Es wird niemals zu viel werden, weil es nicht voranschreitet. Es will nichts am anderen verändern, und es fordert nichts ein. Und dennoch ist es das, was jeder Mensch so sehr sucht.

In dem Moment, in dem Sie für einen anderen Menschen vollkommen anwesend sind, sind Sie auch vollkommen in sich selbst anwesend. Diese Entscheidung stellt den inneren Schalter sofort auf Glück. Für jemanden da zu sein ist wie eine Meditation von Hingabe an den gemeinsamen Moment. An die gemeinsam verbrachte Zeit.

Und dann geht wieder jeder seinen Weg, weil jeder Mensch einen Teil seines Lebens allein gehen muss. Und dann ist man wieder füreinander da. Das ist Beziehung ohne Forderung und ohne Drama. So einer Beziehung können Sie ein uneingeschränktes Ja geben, weil dieses Ja Sie nicht belasten oder verpflichten wird. Dieses Ja zu dieser gelebten Form von Nähe wird nicht zu einer Einengung, sondern zu einer Öffnung für die Beziehung.

Das Ja zu sich selbst in einer Beziehung

Oft sagt einem der Mensch an seiner Seite schöne Dinge. Er drückt seine Wertschätzung und Liebe aus, und obwohl er oder sie das oft und deutlich tut, kann es in einem selbst Widerstand auslösen. Dann kommen versteckte Gedanken wie: »Ich kann das irgendwie nicht annehmen, das ist ein Versuch, mich zu manipulieren.« Oder: »Ich will das nicht hören, weil es in mir schlechte Gefühle auslöst. Am besten gar nichts sagen.« Ein anderer Teil in einem sehnt sich jedoch nach der Zuwendung des Partners und nach seinen liebenden Worten.

Wie kann es sein, dass positive Worte und liebevolles Verhalten innere Abwehr auslösen? Wie kann ehrliche Anerkennung ein Nein in einem selbst erzeugen?

Da ist wieder eine alte Verletzung. Sie legt den inneren Schalter auf Abwehr um. Die Verletzung entstand, weil man in der Kindheit mit dem Thema scheinbarer Liebe manipuliert wurde. Oft war es das Erlebnis, dass die Eltern einen nur liebten, solange man folgte und ihre Vorstellungen erfüllte. Solange man Leistung erbrachte und immer gut war.

Wenn früher Liebe, Lob und Zuwendung mit Leistung verbunden waren, so wirkt dieses versteckte Programm auch heute noch im Unterbewusstsein. Denn das Kind hat schon damals erkannt, dass dies keine Liebe war. Es waren Manipulationen. Heute ist man erwachsen. Doch wenn ein anderer kommt und ein Lob ausspricht, kann ein Teil in einem selbst es noch immer nicht glauben. »Dieser Mensch und seine Anerkennung meinen nicht mich. Sie meinen nur die Sache. Die Leistung. Ob ich funktioniere. Nein, das will ich nicht mehr hören, weil es nicht ehrlich ist. Das ist keine Liebe.«

Falls dieser Schalter im Unterbewusstsein wirkt, hat ein anderer Mensch kaum eine Chance, seine Gefühle auszudrücken, ohne eine Abwehr auszulösen.

Hier liegt eine große Chance für Veränderung in einem selbst. Denn das innere Nein zum anderen, sobald er Zuneigung ausdrückt, ist in Wahrheit ein Nein zu sich selbst. Es ist ein »Nein, ich will das nicht hören, weil ich das Alte nicht wieder in mir fühlen will«. Und dann hört man die liebevollen Worte des Partners und gibt ihnen das Urteil von »unwahr«. So entsteht die Ablehnung, die man eigentlich gar nicht will. Niemand anderes, ganz gleich wie liebevoll, könnte an einem solchen Selbstgefühl durch Worte oder Verhalten etwas verbessern. Nur man selbst.

Der innere Schalter zu mehr Glück liegt in der Annahme der eigenen Verletzung. So kann sie ihre Wirkung verlieren.

Geben Sie der Verletzung von damals das Recht, anwesend zu sein. »Ja, so war es damals. Und ja, das war schlimm für mich. Und ja, diese Verletzung in mir kann niemandem mehr etwas glauben. Ich selbst kann es, aber die Verletzung kann es nicht. Das sehe ich. Und ja, diese Verletzung läuft von allein ab, obwohl ich es nicht will. Es hat überhaupt nichts mit einem anderen hier und jetzt zu tun. Niemand hat gerade Schuld.«

So können Sie dem anderen Ihr Ja geben und müssen sein Verhalten nicht mehr ablehnen. Und Sie können sich selbst ein Ja geben zu dem, was in diesem Moment in Ihnen abläuft. Es ist das Hinsehen, was alles verändert. Das ist Ihr Ja zu sich selbst bei diesem Thema. Und dann können Sie beobachten, was in Ihnen geschieht, wenn Sie die Wertschätzung des anderen aus ganzem Herzen annehmen.

Die Transformation vom Nein zum Ja in Beziehungen

In einer Partnerschaft gibt es die Liebe, und es gibt die Beziehung mit ihren auftauchenden Konflikten. Die Liebe zum anderen setzt sich aus unzähligen kleinen und großen Jas zusammen. Die Konflikte setzen sich aus vielen Neins zusammen. Eine Beziehung wird schwierig, wenn das Gewicht der Neins auf der Beziehungswaage zunimmt. Irgendwann kann auch alle Liebe die Schale nicht mehr im Gleichgewicht halten.

Die Liebe des anderen

Auf der Waagschale der Beziehung liegen immer alle Jas und alle Neins beider Partner. An den Ihren können Sie etwas verändern. Wo sind Ihre Neins?

Ein Beispiel: Mehr Liebe vom anderen zu erwarten bedeutet, den anderen so, wie er jetzt ist, abzulehnen. »Klick, so wie du bist, ist es mir nicht genug. Da will ich mehr.« Auf eine solche Ablehnung reagiert der innere Schalter des anderen automatisch und unbewusst mit einem Nein. So erzeugt eine Ablehnung eine weitere Ablehnung. Es entsteht ein Kreislauf aus automatischen Ablehnungen und deren Gegenwehren. Auf diese Weise kann eine Beziehung nur im Drama enden.

Der Beginn zur Transformation einer Beziehung liegt immer in Ihnen selbst. Spüren Sie auf, wo Sie etwas an der Beziehung ablehnen. Wo Sie etwas am anderen ablehnen. Und dann suchen Sie das immer mögliche Ja in der Situation und das Ja für den anderen. Sie selbst sind mit sich selbst auch nicht glücklich, wenn all diese Neins in Ihnen wirken, obwohl Sie gerade die Liebe suchen. Sehen Sie deshalb jedes einzelne Nein zu sich selbst an, und finden Sie heraus, an welcher Stelle Ihr innerer Schalter immer wieder auf Ablehnung umspringt. Das ist die beste Arbeit, die Sie für die Liebe in sich selbst und für Ihre Beziehung tun können.

Die Transformation vom Nein zum Ja in Beziehungen beginnt immer bei Ihnen selbst. Die Liebe beginnt in Ihnen selbst. Die Annahme durch den anderen beginnt nicht im anderen, sie beginnt in Ihnen selbst.

Vielleicht können Sie irgendwann innerlich zum anderen sagen: »Ich habe etwas Wichtiges gelernt: Ich kann dich lieben und dir mein Ja geben, auch während du dich zurückziehst oder ausrastest. Ich kann dich lieben, während du mir gerade deinen Schmerz, deine Verletzungen und dein Leid zeigst. Das ist mein Ja zu meiner Liebe in mir.«

DIE BEREICHE IHRES LEBENS

Ja!
in der Kommunikation

Viele Menschen haben in ihrer Familie und dann später im Leben die Kommunikation als Mittel von Anordnung und Unterordnung erlebt. Worte als Machtinstrument. Sie haben erfahren, dass eine Zustimmung den anderen mächtiger und einen selbst schwächer macht. Sie mussten lernen, Kommunikation als Selbstverteidigung zu üben.

Das fast automatische Widersprechen, besonders in einer unerwarteten Situation, ist eine Art Urinstinkt in der Kommunikation. Es entspringt dem Unterbewusstsein, das immer versucht, kein Revier aufzugeben, keine Macht abzugeben und keinen Vorteil zu verlieren. Dagegen zu sein ist ein Schutzinstinkt.

Im Licht der Bewusstheit kann sich dieser überflüssige und manchmal sogar zerstörerische Reflex transformieren. Untersuchen Sie in der Kommunikation bei sich oder bei anderen, wo die automatischen Neins ablaufen und wo Sie selbst ein Ja geben können.

Wenn jemand eine ganz andere Meinung hat als ich und mich das betrifft, kann ich doch nicht Ja dazu sagen.

Mit Ihrem inneren Ja in der Kommunikation antworten Sie nicht laut der anderen Person. Sie stimmen ihr nicht zu. Sie stimmen nur der Tatsache zu, dass ein Mensch dies oder das gesagt hat. Dagegen ist nichts einzuwenden. Sie haben nichts dagegen, dass ein anderer sagt, was er sagt. Sie bauen in sich keinen Widerstand gegen die Person selbst auf und damit ernten Sie auch weniger Widerstand gegen sich.

Über den Inhalt machen Sie sich natürlich Ihre Gedanken. Wenn Ihre Gedanken nicht mit den Worten des anderen übereinstimmen, sagen Sie nicht »Nein, das stimmt nicht«, auch wenn Sie sicher sind, dass es so ist. Sagen Sie: »Ja, und ich habe noch weitere oder eine andere Information.« Mit Ihrem Ja am Anfang geben Sie Ihrem Gegenüber Respekt und seinen Platz als Mensch. Ja bedeutet dann: »Ja, ich höre dich und achte dich.«

Das wäre eine wünschenswerte Grundhaltung. Sie entsteht, wenn man die Ebenen der Kommunikation genauer ansieht und dort die eine oder andere Einzelablehnung ins Licht der Bewusstheit rückt. Auch in der Kommunikation kann man die Vorgänge wieder auf den drei Grundebenen ansehen: Die Anwesenheit von jemandem oder etwas an diesem Ort. Die Situation selbst, wie sie gerade stattfindet. Und man selbst. Das gilt in Partnerschaften ebenso wie für alle anderen Arten von Beziehungskommunikation.

Die Kommunikation und die Anwesenheit des anderen an diesem Ort

Eine Gemeinsamkeit vieler langjährig als erfüllend empfundener Lebenspartnerschaften besteht darin, dass beide Partner eines nie verloren haben: das Ja zum Dasein des anderen im eigenen Leben. Manche geben ihrem Partner dieses innere Ja jeden Tag neu. Das ist das Ja in Beziehungen zur Anwesenheit an diesem Ort, so, wie alles ist.

Oft wird in Partnerschaften um dieses oder jenes Detail gestritten, um dieses oder jenes Verhalten. Vieles Negative würde sich sofort auflösen, wenn sich zumindest einer der Partner daran erinnern würde, dem anderen innerlich das vollkommene Ja zur Anwesenheit zu geben. Denn damit würde eine verhängnisvolle innere Gedankenkette unterbrochen, die normalerweise etwa so beginnt:

»Ich will nicht, dass er oder sie das immer tut.« Das ist es, worum sich der Konflikt dreht. Scheinbar. Der Verstand kann im Strudel von Emotionen nicht mehr genau differenzieren. Er bemerkt nur die Gefühle von Ablehnung und beurteilt die gesamte Situation als »schlecht«. Daraus folgert er: »Ich will nicht, dass er/sie so, wie er/sie sich gerade verhält, in meinem Leben anwesend ist. Wenn schon anwesend, dann zu meinen Bedingungen.«

Der Verstand lehnt also nicht nur ein bestimmtes ungeliebtes Detail ab, er überträgt diese Ablehnung auf die gesamte Anwesenheit des anderen im eigenen Leben in diesem Moment. Und plötzlich geht es nicht mehr um eine Lösung. Es geht um einen Anwesenheitskampf. Um Selbstbehauptung.

Selbst wenn gerade ein Beziehungskonflikt stattfindet, können Sie dem anderen ein Ja zu seinem Dasein geben. Damit geben Sie ihm eine Existenzberechtigung, und Sie gestehen ihm Achtung und Würde zu. Das spürt Ihr Gegenüber, und er muss zumindest nicht um sein Recht, anwesend zu sein, kämpfen.

Mir fällt es schwer, die Anwesenheit zu trennen von dem, was der andere sagt oder wie er sich verhält. Ich erkenne den Sinn dabei noch nicht.

Der Sinn liegt darin, dass Sie für sich selbst erkennen, ob Sie den anderen überhaupt in Ihrem Leben zulassen möchten oder nicht. Falls hier ein Nein ist, wären alle weiteren Worte eine Verschwendung von Kraft und Lebensfreude für alle Beteiligten. Dann kämen Sie nur zusammen, um ein Ablehnungsspiel oder ein Machtspiel zu spielen.

Gut wenn es meine freie Wahl ist, verstehe ich das. Aber oft habe ich keine Wahl. Im Beruf zum Beispiel kann ich mir die Kollegen nicht alle selbst aussuchen.

Das ist richtig. Dann geben Sie dem Ort, an dem Sie sind, ein Ja, weil es der Ort ist, der Sie ernährt und Ihnen eine Aufgabe gibt. Zu dem Ort gehören alle Menschen, so, wie sie sind. Sie können jeden Morgen an Ihren Platz gehen und beschließen: Ja, hier bin ich heute, und so ist dieser Platz.

Ein permanentes Nein zu etwas, das nicht verändert werden kann, wäre nichts anderes als eine ständige innere Selbstverletzung.

Die Situation während der Kommunikation

Neben dem Ja zur Anwesenheit eines Menschen gibt es das Ja zum Ablauf der Kommunikation. In Beziehungen ist es ein Ja zu der Tatsache, wie ein Mensch ist. Oft ist es ein ganz bewusstes Ja dazu, dass vor einem jemand sitzt, der vielleicht Fehler haben mag. So wie man selbst. Vielleicht ist die Person ungeduldig oder aufbrausend oder hört nicht gut zu. Ein Mensch, der seine Verletzungen und Lebensthemen in sich trägt, so wie man selbst. Alleine zu dieser Tatsache ist ein Ja niemals ein Fehler, denn es ist die Realität, so wie sie in diesem Moment ist.

Darf der andere fühlen, was er gerade fühlt? Darf er denken, was er gerade denkt? Darf er sich ausdrücken, auf seine ihm eigene Art? Zu alldem gibt es immer ein Ja. So wird der andere keinen unnötigen Widerstand erleben und damit kann sein eigener Widerstand vielleicht auch etwas nachlassen. Es läuft kein Automatismus ab, so wie früher.

Bis hierhin müssen Sie noch immer keine Zustimmung zum Inhalt aussprechen. Sie geben das Ja zu der Tatsache, dass der andere eine Meinung hat, die von Ihrer verschieden ist.

»Ja, das höre ich, und ich habe ebenfalls Überlegungen dazu.« Oder man sagt einfach nichts, weil nichts weiter zu sagen ist. Man beschließt, diese Zeit voll und ganz dem aufmerksamen Zuhören zu widmen. Der Erforschung des anderen.

So bauen Sie keinen Kampf auf. Sie machen kein Drama daraus, dass Ihre Worte und Meinungen voneinander abweichen. Sie finden es auch nicht schade oder schlecht. Sie stimmen genau der Wahrheit zu, die Sie in diesem Moment erkennen: der Tatsache, dass gerade verschiedene Meinungen da sind. Dann können Sie in Ruhe erforschen, woher diese Meinungen kommen. Oft liegt die Ursache in bestimmten Wünschen.

Ich bemerke oft, dass eine Zustimmung von mir eingefordert wird. Solange ich nicht Ja sage, redet man auf mich ein, und ich fühle mich, als würde ich angegriffen. Der Druck lässt erst dann nach, wenn ich einwillige.

In jeder Form von Beziehung, sei sie nun freundschaftlich, geschäftlich oder wie auch immer, bemerken Sie immer wieder, dass der andere von Ihnen eine Befürwortung erwartet, die Sie gerade vielleicht nicht geben können. Ihr Gegenüber möchte eine Zustimmung und Sie möchten nicht zustimmen. Dennoch brauchen Sie den anderen nicht abzulehnen. Es ist normal und verständlich, dass er Zustimmung sucht. Er hat Ziele. Er hat eine Idee davon, wie die Wahrheit sein könnte. Er hat Gefühle und Verletzungen, die sich nach Annahme und Befürwortung sehnen.

Dann können Sie dem anderen zeigen, dass Sie seine Situation verstehen.

»Ja, ich verstehe gut, dass du meine Zustimmung möchtest. Das achte ich sehr und finde doch im Moment in mir eine andere Vorstellung.«

Sie müssen niemanden als Mensch ablehnen, nur weil Sie seine Meinungen oder Ideale nicht teilen und seinen Anweisungen nicht folgen möchten. Nichts von alldem müssen Sie ablehnen, weil es einfach da sein darf. Ebenso, wie Sie da sein dürfen und Ihre Dinge auf Ihre Weise machen.

ÜBUNG
Das Ja und die Annahme bei Versuchen von Beeinflussung

Während ein Mensch mit Ihnen kommuniziert, tauschen Sie mehr aus als nur Worte. Es fließt mehr als nur Schall von einem Mund zu einem Ohr. In der Kommunikation fließt auch Energie von einem zum anderen und zurück. Sie können sich eine Meinung als Wolke aus Gedanken und Gefühlen vorstellen, die jemand in Sie hineinsenden möchte. Falls diese Wolke ganz und gar nicht zu Ihnen passt, wird das auf allen Ebenen Ihrer Existenz Gegenwehr auslösen. »Nein, das alles hier will ich nicht.« Nicht immer kann man das so äußern. Nicht immer kann man sich selbst einfach durchsetzen oder die Situation verlassen. Oft muss man in der Situation verbleiben und damit umgehen. Dann hilft Ihnen vielleicht die folgende Übung, die aus der energetischen Heilarbeit stammt.

Durchsichtig werden

Stellen Sie sich vor, Sie könnten durchsichtig werden. Wie ein Hologramm, das man sieht, aber nicht greifen kann. Während der andere Sie zu beeinflussen versucht, folgen Sie nicht mehr seinem Reden, sondern stellen sich vor, wie Sie größer und durchsichtiger werden. Das Gegenüber erwartet, auf Ihre Grenzen zu stoßen und abgewehrt zu werden. Doch weil Sie ein Hologramm sind, fließt alles durch Sie hindurch und löst sich in Ihnen auf. Es findet keinen Widerstand. »Ich bin da, aber ich bin wie Wasser.«

Das ist Ihr Ja in einer schwierigen Situation. Ein Nein wäre, sich zu verkleinern, sich drücken zu lassen, sich hart zu machen und sich abzuschirmen. Die Vorstellung vom Durchsichtigwerden hingegen lässt die Energie ins Leere laufen. Wie gesagt, ist dies eine Übung für Situationen, in denen man sich auf andere Weise nicht gut behaupten kann.

Das Ja zum Selbst in der Kommunikation

In der Kommunikation verlässt man sich in dem Moment selbst, wenn man zum Spielball der Kommunikation wird. Wenn man nur noch reagiert. Ein einfacher Weg, um bei sich selbst zu bleiben, ist das vollkommene Zuhören. Diese aufmerksame Art der Kommunikation gibt dem anderen jeden Raum, den er gerade braucht. Der Zuhörende macht sich selbst zum Zentrum von Ruhe und Aufmerksamkeit und Präsenz.

Zuhören: Das Ja zu dem, was man selbst gerade versteht

Dass ein anderer sagt, was er gerade sagt, ist kein Grund für eine innere Ablehnung. Warum auch? Er bringt nur seine Gedanken auch außen. Darin kann kein Fehler liegen. Die Gedanken des anderen haben nichts mit Ihnen selbst zu tun. Sie begegnen Ihnen nur, weil Sie zuhören.

Wenn man diese Tatsache annimmt, wird man zu einem sehr aufmerksamen Zuhörer. Und aufmerksames Zuhören ist ein Zeichen von Wertschätzung dem anderen gegenüber.

Allein das achtsame Zuhören kann einen Konflikt schon im Ansatz auflösen, denn oft redet der andere vor allem nicht wegen der Sache selbst. Er redet, weil er gesehen und gehört werden möchte. Und wie bei einem Kind geht es oft gar nicht um das Thema, sondern um die Suche nach Aufmerksamkeit.

Vollkommenes Zuhören ist Liebe. Ihre Zeit und Aufmerksamkeit sind die größten Geschenke, die ein Mensch einem anderen machen kann. Dem Zuhören können Sie immer Ihr Ja geben.

Zuhören und das Ja zu der Tatsache, nichts tun und nichts entgegnen zu müssen

Der Verstand wurde erschaffen, um zu reagieren. »Nicht-Reagieren« als Möglichkeit kommt ihm meist nicht in den Sinn. »Keine Meinung« zu haben zu etwas kann er sich kaum vorstellen. Er will möglichst immer etwas zu tun haben.

Nehmen Sie diese Tatsache an, und stimmen Sie dem »aktiven Zuhören« zu. Mit Ihrem inneren Ja zum Zuhören, ohne gleichzeitig zu bewerten, kann Ihr Verstand das Nicht-reagieren üben. »Ich höre aktiv zu. Ja, das wurde gesagt. Wie interessant.«

Mehr nicht.

Wenn Sie das Gefühl haben, etwas sagen zu müssen, obwohl Sie gerade nichts sagen möchten, dann sagen Sie einfach: »Ja.«

Das ist vollkommenes Zuhören, ohne innerlich dafür zu sein oder dagegen zu kämpfen. Zuhören, ohne Energie zu verschwenden. Zuhören in einem Zustand der Annahme dieses Augenblicks.

Für den, der spricht, kann dieses Zuhören wie ein Wunder sein. Er fühlt sich für einen Moment lang geliebt, weil er geachtet und so angenommen wird, wie er gerade ist.

»Wenigstens die paar Sekunden, in denen ich mich äußere, kämpft niemand gegen mich.«

Das ist Kommunikation ohne Gewalt. Dann sind Sie voll und ganz beim anderen. Und gleichzeitig sind Sie bei sich selbst.

Ja!

»Einem anderen Menschen vollkommen aufmerksam zuhören, ohne etwas zu bewerten und ohne etwas zu wollen, ist Liebe.«

DIE BEREICHE IHRES LEBENS

Ja!
und der Beruf

Wenn etwas in Ihnen Ihren Beruf oder Ihre derzeitige Arbeit ablehnt, wird Ihre Arbeit irgendwann damit beginnen, Sie abzulehnen. Wenn Sie eine Kollegensituation ablehnen, wird die Kollegensituation irgendwann beginnen, Sie abzulehnen. Wenn Sie sich selbst in Ihrer Funktion nicht mögen, werden andere Sie in dieser Funktion ebenfalls nicht mögen.

Es kann in allen Bereichen eine innere Grundhaltung werden, als ersten Schritt nichts abzulehnen und alles da sein zu lassen, weil es ohnehin da ist. Auch im beruflichen Umfeld und auch, wenn es überaus fordernd ist. Das bedeutet nicht, sich zu unterwerfen oder alles hinzunehmen oder seine Interessen nicht durchzusetzen. Es bedeutet nur, dass man den Kampf in sich selbst beendet und mehr Kraft für die Aufgaben im Außen hat.

Etwas zu tun, was man in Wahrheit nicht tun will, erzeugt inneres Leid. Nicht die Situation selbst ist daran schuld. Die Tatsache, dass man sie genau so nicht mag, erzeugt die inneren Konflikte. Man sitzt mittendrin in etwas, was eindeutig gerade die Realität ist, und lehnt genau diese Realität ab.

Oft wird gesagt: »Dann verändere deine Realität. Suche dir etwas Neues, wo du glücklicher werden kannst.« Das kann man natürlich tun, wenn es möglich ist, und manchmal wird es auch eine Verbesserung. Doch oft wird das Neue irgendwann wieder das Alte sein und das innere Leiden beginnt von vorn. Dann spürt man, dass die Lösung, die man lernen sollte, nicht der Wechsel, sondern zuerst etwas anderes war.

Aber wenn mein Beruf mir keine Freude macht, kann ich mir das doch nicht schönreden?

Schönreden und inneren Widerstand transformieren ist nicht dasselbe. Schönreden hält nicht lange, weil es nicht die Wahrheit ist. Auf Dauer hat nur die Wahrheit Bestand, alles Unwahre wird irgendwann aufbrechen.

Es geht nicht darum, in einer wirklich leidvollen Situation zu bleiben, sondern darum, die Situation zu nutzen, um in sich selbst die Ablehnung aufzuspüren und sie zu transformieren. Dann war die Situation sehr wertvoll, selbst wenn sie vielleicht leidvoll war. Dann kann man sie verlassen und weiß, dass man die Lehre, die in ihr lag, verstanden und genutzt hat. Dann war es eine positive Wachstumssituation auf dem Weg.

Oft wird eine Situation gewechselt, um weniger zu leiden. Und anfangs, am neuen Ort, mit neuen Menschen und einem neuen Selbstempfinden, erscheint dieser Wechsel als die beste Entscheidung der Welt. Das gilt im Beruf genauso wie in einer Beziehung. Später folgt dann oft eine Ernüchterung. Statt Glück kommt das alte Unglück zurück. Denn ganz gleich, wohin man wechselt, das Leid wird einem folgen, solange es nicht transformiert wurde.

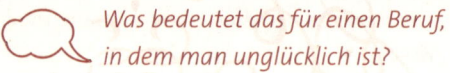

Was bedeutet das für einen Beruf, in dem man unglücklich ist?

Als Erstes haben Sie zwei Situationen gleichzeitig: Sie haben einen Beruf. Und Sie sind unglücklich. Dass Sie einen Beruf haben, ist einfach nur die Wahrheit. Dem können Sie ein bedingungsloses Ja geben. Immer wenn Sie an Ihren Beruf denken, wissen Sie eines ganz sicher: Der Beruf selbst beinhaltet keinen Fehler, es ist einfach nur der Beruf.

Dass Sie unglücklich sind, ist ebenfalls eine Sache, der Sie ein Ja geben können, denn es ist die Wahrheit.

Wo genau das Unglück liegt, also wo das innere Nein erzeugt wird, können Sie jetzt näher erforschen. Untersuchen Sie, wo in den drei Ebenen des Unterbewusstseins ein Nein abläuft und Ihren inneren Schalter auf Ablehnung der beruflichen Situation stellt.

Untersuchen Sie den Ort, die Situation und sich selbst.

Ja!

»Ein Thema, das man ablehnt, wird einen so lange begleiten, bis man es erkannt, angesehen und das Ja gefunden hat. Dann lässt es einen los.«

Der Beruf und das Ja zur Anwesenheit an diesem Ort

Sie selbst bestehen nicht nur aus einem Körper und aus Gedanken. Sie bestehen auch aus Gefühlen. Einige dieser Gefühle sind an so etwas wie einen unsichtbaren Sensor gekoppelt, der Ihre Umgebung, den Ort, ständig untersucht. Diese Untersuchung geschieht unterbewusst, doch das Ergebnis bekommen Sie ganz bewusst in Form von Gefühlen mit. Sie werden ganz einfach das Gefühl haben, gerne an einem Ort zu sein, oder es wird vielleicht ein unerklärliches mulmiges oder unstimmiges Gefühl sein.

Wenn Sie sich zum ersten Mal an einen möglichen beruflichen Ort begeben, haben Sie noch keine Ablehnung von Situationen in sich, denn die gab es ja noch nicht. Dann können Sie gut auf Ihre ersten Gefühle an diesem Ort achten. Falls es irgendwie möglich ist, hören Sie darauf, wenn Sie gerade eine neue Stelle suchen. Das Wohlfühlen oder Unwohlfühlen an einem neuen Ort ist kein Zufall. Es hat damit zu tun, ob Sie und der Ort zusammenpassen.

»Kann ich diesem Platz hier an sich ein Ja geben? Oder stimme ich gerade vor allem dem Arbeitsplatz zu, weil ich ihn brauche oder gerne haben möchte?«

Die Stadt, das Gebäude, das Bürozimmer… Wenn Sie schon zu dem Ort des Berufs kein Ja finden können, kann die Aufgabe selbst Sie nur schwer glücklich machen. Dann wird ein Teil von Ihnen jeden Morgen an einem anderen Ort sein wollen als an dem, den Sie aufsuchen müssen. Dann wird der Beruf schon bezüglich des Ortes zu einer Last.

Entweder geht man zum Ort seiner beruflichen Aufgabe und gibt dem ein Ja, oder man geht nicht dorthin. Aber hinzugehen und gleichzeitig immer Nein zu sagen ist die selbst gemachte innere Hölle. Dieses Nein zu einer vorhandenen Realität erzeugt ein inneres Ausbrennen.

Wenn ich eigentlich eine gute Stelle habe und mich dennoch nicht wohlfühle, könnte es doch auch an einer Ablehnung in meinem Inneren liegen, oder? Dann muss ich mich nicht sofort gegen den Ort entscheiden?

Das muss man sowieso nicht. Wenn Bewusstheit in einem anwesend ist, entscheidet man sich immer *für* etwas. Nie *gegen* etwas. Man ist nicht *gegen* einen alten Ort, sondern *für* einen neuen Ort. Wenn man eine eigentlich gute Stelle hat und der Ort damals, beim ersten Kennenlernen, keine Ablehnung erzeugte, liegt das innere Nein woanders. Dann haben sich Widerstände gegen Situationen im Beruf gebildet. »Nein, diese Aufgabe will ich nicht haben. Nein, nicht noch mehr Arbeit. Nein, diesen Beschluss trage ich nicht mit. Nein, diesen Kollegen mag ich nicht.« Erst aus dieser Situation heraus folgt der Gedanke: »Nein, hier will ich nicht sein.«

Vielleicht muss man nicht gleich den Ort wechseln. Vielleicht gibt es eine andere Lösung, die nur noch nicht begonnen hat. Dann sieht man sich die Situation genau an.

Der Beruf und das Ja zur Situation

Im Beruf besteht die Situation aus drei großen Bausteinen. Aus dem Wert des Berufs. Aus den Menschen, die einem begegnen. Und aus der Aufgabe selbst.

Das Ja zum Wert des Berufs

Welchen Beruf Sie auch immer gerade ausüben, es ist der Beruf, der Sie im Moment ernährt. Das ist sein Wert. Es ist die Tätigkeit, die es Ihnen ermöglicht, in Ihrer Wohnung zu wohnen, sich etwas zu essen zu kaufen und sich vielleicht die eine oder andere kleine Annehmlichkeit zu gönnen.

Dieser Tatsache können Sie ohne Einschränkung ein Ja geben, weil es genau das ist, was in diesem Moment geschieht. Manche Menschen formulieren es auch als Dank: »Ja, meine Arbeit ernährt mich jeden Tag. Dafür bin ich dankbar. Vielleicht ist manches nicht so, wie ich es mir vorstelle, aber ich erzeuge mit meiner Arbeit einen Wert, der mir jeden Tag mein Leben und mein Überleben ermöglicht. Und manches darüber hinaus.«

Einen Beruf auszuüben und gleichzeitig das Gefühl zu haben, dass dies weder Sinn noch Wert erschafft, erzeugt einen inneren Konflikt, der letztlich zermürbt. Und in den meisten Fällen ist es noch nicht einmal die Wahrheit. Selbst wenn man seinen eigenen Wert innerhalb der Organisation nicht erkennen kann, so erschafft der Beruf auf jeden Fall einen Wert für das eigene Leben: das Geld, von dem man lebt. Es gibt viele auf diesem Planeten, die das nicht haben.

Das Ja zu den Menschen im Beruf

Die Menschen, die einen im Beruf umgeben, sind, genau betrachtet, wie eine Naturkraft. Man hat sie sich nicht ausgesucht, aber man muss irgendwie damit leben. Blätter rascheln, Regen fällt, ein Fluss fließt. Menschen sitzen an Tischen, strömen durch Gänge, reden, machen Geräusche und folgen ihren Aufgaben. Diesem Fluss im eigenen Berufsumfeld kann man auf jeden Fall ein inneres Ja geben, denn nichts daran ist falsch.

Ein Problem oder ein inneres Nein taucht nicht mit diesem Fluss im Beruf auf. Ein Problem taucht zusammen mit einem Menschen auf. Oder mit einer bestimmten Aufgabe, die man lösen soll. Wenn es um einen Menschen geht, sieht man sich das Lebensfeld der Beziehung an oder das der Kommunikation. Wenn es um die Aufgabe geht, sieht man sich an, woraus diese besteht.

Die Chance für weniger inneren Kampf liegt darin, dem Fluss der Menschen und Aufgaben ein bedingungsloses Ja zu geben.

> *Aber was, wenn gerade diese Aufgaben wie eine Welle über mir zusammenschlagen. Wenn ich die vielen Menschen nicht mehr ertragen kann, weil ich überlastet bin? Wie soll ich dazu Ja sagen?*

Man stimmt nicht der eigenen Überlastung zu. Das ist ein eigenes Thema, das man sich getrennt davon ansieht. Man gibt sein Ja nur zum Vorhandensein und zu der Bewegung des Flusses, also der Menschen und Aufgaben in der beruflichen Umgebung. Daran gibt es nichts abzulehnen.

Die Überlastung hat mit der eigenen Aufgabe in diesem System zu tun. Und die kann man sich in Ruhe ansehen, ohne gleichzeitig den Fluss ablehnen zu müssen.

Das Ja zu der Aufgabe an sich

Eine berufliche Aufgabe ist das, was an einer bestimmten Position im System des Unternehmens zu tun ist. Die Tatsache, dass es zu tun ist, ist nichts Negatives. Der Aufgabe selbst kann man bedingungslos zustimmen. Irgendwer muss sie tun, sonst funktioniert das Unternehmen vielleicht nicht so, wie es soll. Und selbst wenn man persönlich eine Aufgabe oder eine Position als falsch oder verbesserungswürdig einstuft, so ist da in diesem Moment kein Fehler. Nichts, was man ablehnen müsste. Die Aufgabe ist einfach nur ein Teil in einem bestehenden System, das man vielleicht verändern könnte. Vielleicht jedoch auch nicht.

Jedes Unternehmen an sich ist wie ein Organismus. Es lebt. Es entwickelt sich. Es hat Stärken und Schwächen. Es will wachsen und sich behaupten. Es erleidet Krankheiten und wird gesund.

Jeder Mensch, der in einem Unternehmen mitarbeitet, wird zum Teil dieses Organismus. Er wird mitfühlen, wenn es dem Unternehmen gut geht, und er wird miterleben, wenn eine Krankheit kommt und wieder geht.

In der Natur versucht ein Ökosystem, also ein Lebensraum, sich selbst im Gleichgewicht zu halten. Genauso wie Ihr Körper immer versucht, sich im Gleichgewicht zu halten, um gesund zu bleiben.

Ihr Körper versucht, alles, was nicht zu ihm passt und ihn in seiner Gesundheit hindert, loszuwerden. Genauso ist es mit einem Unternehmen. Es kann nur gut überleben, wenn die Teile, aus denen es besteht, zu ihm passen.

Eine Aufgabe ist zunächst einmal nur ein Bestandteil des Unternehmens. Wenn man diese Tatsache an sich ablehnt, lehnt man das Unternehmen ab. Dann ist man gegen den Organismus, von dem man selbst gerade ein Teil ist. Das tut keinem gut.

In einer Aufgabe an sich liegt kein Fehler. Ihr können Sie ein Ja geben.

Das innere Nein entsteht nur, wenn die Aufgabe und das Selbst nicht zusammenpassen. Wenn sie nicht funktionieren können, weil sie unglücklich miteinander kombiniert sind. Oder wenn Sie selbst die Aufgabe als veränderungswürdig ansehen und die Veränderung nicht stattfinden kann. Wenn Sie in der Aufgabe, die mit Ihnen verbunden ist, kein Wachstum bewirken können. Dann ist es, als dürften Sie selbst nicht wachsen. Und aus dieser Situation entsteht Leid.

Was soll ich tun, wenn ich in einer solchen Situation bin? Wenn ich wachsen will und etwas verändern will, aber nur Überlastung finde und falsche Organisation?

In jedem Unternehmen wird man immer irgendwo falsche Organisation finden. Das ist Teil des Unternehmens. Es kann niemals vollkommen perfekt sein, weil die Welt sich ständig verändert und es sich an diese Veränderung anpassen muss. Ein Unternehmen ist immer in ständiger Veränderung. Es besteht aus Menschen in Bewegung. Es ist viel weniger stabil, als der Einzelne es sich vielleicht wünscht. Wer Stabilität sucht, sollte sie nicht in einem Wirtschaftsunternehmen suchen, sondern in sich selbst. Dieser Tatsache kann man sein Ja geben.

»Ja, ich bin Teil eines Menschensystems, das genauso wächst und Fehler macht, wie ich selbst wachse und vielleicht Fehler mache. Das System muss nicht automatisch besser sein als ich selbst.«

Es bleiben also die Überlastung und die vielleicht falsche Aufgabe. Beidem kann man sein inneres Ja geben, wenn man es herausgefunden hat. »Ja, es ist eindeutig mehr, als ich schaffen kann. Und ja, die Aufgabe ist nicht das, was ich möchte. Vielleicht ist diese Aufgabe für jemand anderen vorgesehen und eine andere Aufgabe wartet stattdessen auf mich. Damit alles an seinen richtigen Platz kommt.«

Alles will am Ende nur an seinen richtigen Platz finden. In der Natur wie im eigenen Leben. Das können Sie unterstützen. Dem können Sie Ihr Ja geben.

Dies bedeutet nicht, dass Sie damit einer unglücklichen beruflichen Situation zustimmen oder sie gut finden müssen. Nur der innere Kampf gegen den eigenen Arbeitsplatz an sich oder gegen ein Unternehmen an sich oder gegen die Eigenschaften eines bestimmten Menschen an sich wird beendet, weil es ein sinnloser Kampf ist. Von diesem Punkt aus können Sie Ihre neuen Entscheidungen ohne innere Selbstzermürbung treffen. Dann können Sie kraftvoll gehen, oder Sie können bleiben und kraftvoll eine Veränderung einleiten. Oder Sie nehmen kraftvoll Ihre Position ein und setzen sie durch.

Ohne den bisherigen Kampf gegen das, was da ist, kommen Sie aus dem inneren schweigenden Ablehnungslaufrad heraus in ein gutes Handeln für Ihr Leben.

Das Ja zu sich selbst im Beruf

Jedes Unternehmen ist lebendige Veränderung. Ihr eigenes Leben ist Veränderung. Ihr Beruf ist ständige Veränderung. Sie selbst in Ihrem Beruf sind in diesem Moment Teil einer ständigen Bewegung und Veränderung. Dieser Grundwahrheit können Sie Ihr vollkommenes Ja geben. Wenn Sie in Ihrem Beruf Stabilität suchen, fügen Sie sich selbst nur Leid zu.

Das macht keinen Sinn. Die einzige Stabilität ist die Veränderung. Nur sie ist immer absolut sicher. Hier liegt die Chance zur Transformation einer inneren Ablehnung. Warum dagegen sein? Es ist nur der Fluss von Veränderung.

Es kann sein, dass die Veränderung des Unternehmens und die eigene Veränderung irgendwann nicht mehr zusammenpassen. Auch dann liegt kein Fehler vor, und man kann sich im Guten trennen. Man kann dem Weg des Unternehmens sein ganzes Ja geben und sich selbst auf einen anderen Weg machen. Darin liegt kein Widerspruch.

Das verstehe ich, und ich habe auch schon oft vor so einer Situation gestanden. Ich wollte mich verändern. Und dann waren da meine Sorgen zum Thema Geld, die mich zurückhielten.

Das ist vollkommen natürlich. Wenn sich dieses Thema nach vorn drängt, liegt darin eine weitere große Chance für die Transformation einer Angst. Die Angst zum Thema Geld.

Ja!

»Wenn die Bewusstheit anwesend ist, wird man sich immer *für* etwas Neues entscheiden und nie *gegen* etwas Altes. Das Neue bekommt einfach ab sofort die Aufmerksamkeit. Das ist Veränderung ohne inneren Krieg mit sich und der Welt.«

DIE BEREICHE IHRES LEBENS

Ja!
und das Geld

Geld ist ein enorm bedeutungsvolles Lebensthema, weil es in praktisch jedem Lebensbereich wie eine Begleitströmung mitfließt, wie ein Versorgungsfluss. Die Art, wie dieser Fluss einen selbst begleitet, kann für sehr intensive Gefühle sorgen. Wenn der Fluss zulegt, werden die Gefühle meistens für einen Moment lang besser. Wenn er dünner wird, melden sich die Gefühle aus der Gegenrichtung.

Ihr Unterbewusstsein kennt kein Geld. Es kennt nur Lebenszustände und Gefühlszustände. Die Anwesenheit einer bestimmten Geldmenge ist für Ihr Unterbewusstsein ein Lebenszustand in diesem Moment.

Um das Leben im Bereich von »gutes Gefühl« zu halten, läuft ständig eine imaginäre Geldmesskurve mit. Sobald die Kurve gefährdet scheint, meldet sich das Unterbewusstsein mit Gefühlen von Angst. »Achtung, hier verschwindet deine Sicherheit. Hier verschwinden deine Vorräte. Hier verschwinden deine Unabhängigkeit und deine Freiheit. Nicht gut! Das musst du verhindern.« Jeder dieser Gedanken ist wie ein Nein zu dem Zustand in diesem Moment. Doch die Abfolge dieser Momente ist Ihr Leben. Jedes Nein zum Geldzustand in diesem Augenblick ist ein Nein zum Leben in diesem Augenblick. Auf diese Weise kann sich das Leben nur schwer zum Positiven wenden.

Ja!

»Immer wenn Sie ein Ja zu einem aktuellen Zustand in Ihrem Leben finden, ist es ein Dank für das, was im Moment da ist. Dankbarkeit in sich zu finden ist der Beginn von großem Glück.«

Bedeutet das, ich darf mir nicht wünschen, reich zu werden?

Darum geht es nicht. Natürlich darf sich jeder wünschen, reich oder reicher zu werden, und ein besseres Leben anstreben. Aber wie soll das Leben besser werden, wenn man es auf einem Gebiet ablehnt? Stellen Sie sich vor, es ginge nicht um den Zustand von Geld, sondern um einen Menschen. Und diesem Menschen brächten Sie ständig oder immer wieder Ihre Ablehnung entgegen. Sie finden immer etwas, was Sie an ihm kritisieren. Sie beklagen sich bei ihm darüber, dass er so ist, wie er gerade ist. Was würde im Laufe der Zeit geschehen? Würde dieser Mensch Sie auf Dauer lieben können? Würde er hinter Ihnen stehen und Sie in dem fördern, was Sie gerade tun, wenn Sie immer sagen: Du bist zu wenig? Du genügst nicht? Du reichst mir nicht? Würde ein Mensch, den Sie so behandeln, Ihr bester Freund sein können? Und selbst wenn: Würden Sie es annehmen können?

Geld verhält sich oft ähnlich, denn es kommt von Menschen.

Aber es ist doch richtig, dass Geld ein entscheidender Punkt für ein gutes Leben ist? Es bestimmt darüber, ob ich Dinge tun kann, die mir Freude machen, oder ob ich sie nicht tun kann.

Wenn man sich ein wenig in der Welt umgesehen hat, wird man erkennen: Es gibt eine Art Bandbreite. Unterhalb einer bestimmten Geldanwesenheit sind tatsächlich die Gesundheit, das Leben und das Wohlgefühl deutlich bedroht. Da gibt es nichts zu beschönigen. Wenn ein Mensch sich kein Essen oder keine schützende Unterkunft leisten kann, fehlt es tatsächlich an etwas Lebenswichtigem. Und dennoch gibt es viele Menschen in größter Armut, deren Gesichter sichtbares Glück ausstrahlen. Sie koppeln ihr Glück offensichtlich nicht an ein materielles Bedürfnis. Sie sind in diesem Moment und mit dem, was da ist, glücklich, weil das Leben ihnen keine andere Wahl gelassen hat. Da ist keine Aussicht auf eine materiell bessere Zukunft. Es gibt nur eine Aussicht: Mit dem, was gerade anwesend ist, sein Leben möglichst gut zu gestalten. Diese vollkommene Annahme kann bis zur Erleuchtung über die Illusion des materiellen Lebens führen.

Für jemanden, der in einer westlichen Kultur aufgewachsen ist, ist die Verbindung von Geld und Lebensglück hingegen oft sehr stark. Für manche ist sie ein Leben lang fast unauflösbar. Manchmal geschieht dann erst am Ende der Tage, wenn das Geld keine Rolle mehr spielen kann und es deshalb seine Position aufgeben muss, ein unvorstellbares Glück.

Die Transformation vom Nein zum Ja

Beim Ansehen des Geldthemas geht es nicht darum, etwas zu beschönigen oder zu verharmlosen. Es geht auch nicht darum, mithilfe einer Gedankenmethode mehr Geld ins Leben zu schaffen. Worum es geht, ist, dem aktuellen Zustand keine versteckte Ablehnung mehr entgegenzubringen, damit die Ablehnung nicht ungesehen weitere Ablehnungserlebnisse erzeugt. Und das gelingt, wenn man die Neins und Jas zum Thema in sich selbst beleuchtet.

Geld und das Ja zur Anwesenheit an diesem Ort

Der unbewusste Teil des Verstandes hat in vielen Fällen schon seit langer Zeit eine Vorentscheidung getroffen. Sie lautet: Wenig Geld ist schlecht. Viel Geld ist gut. Wenn Sie in Ihren Geldbeutel sehen und feststellen: »Wenig Geld«, dann löst das automatisch den inneren Schalter aus, und er springt auf Nein. Nicht gut. Unglück. Dann wird die Anwesenheit allen Geldes in diesem Moment auf dem Konto oder im Geldbeutel als schlecht bewertet. Dabei stimmt das nicht, denn das anwesende Geld ist gut. Es gibt absolut nichts an dem Geld auszusetzen, das Sie gerade haben. Sie können diesem Geld immer ein grundsätzliches Ja geben.

Der Verstand hat nicht Angst vor dem Geld, das Sie sehen, wenn Sie Ihren Geldbeutel öffnen oder Ihren Kontostand überprüfen. Der Verstand hat Angst vor dem Geld, das er nicht sieht. Oder vor einer Nichtanwesenheit von Geld irgendwann in der Zukunft. Es ist die Angst vor einem Zuwenig für die kommenden Pläne oder für das kommende Überleben. Hier liegt das Nein.

Der endlose innere Geldangstschalter

Egal, wie viel Geld kommt, die Angst bleibt. Oft wird die Angst sogar größer, je mehr Geld kommt, weil auch der mögliche Verlust vom Unterbewusstsein als größer eingeschätzt wird. Wenn Geld für ein Haus da ist, muss auch Geld für die Nebenkosten da sein. Wenn das Geld für Haus und Nebenkosten da ist, muss auch Geld für den Erhalt da sein. Wenn viel Geld da ist, kommt die Steuer. Wenn noch mehr Geld da ist, kommt die richtige oder falsche Geldanlage. Und so weiter. Das Unterbewusste findet immer neue Argumente, warum das Erreichte noch immer ein Risiko enthält. Warum noch immer Neins zum aktuellen Zustand aufrechterhalten werden müssen. Nein, es ist nicht genug.

Wenn Sie fühlen, dass das Thema Geld irgendwo in Ihnen mit Neins verknüpft ist, geht es darum, das Licht Ihrer Bewusstheit auf diese Neins zu lenken und sie genau zu untersuchen. Hier liegt die Gelegenheit für die Transformation des inneren Schalters zum Geldthema. Es ist die Chance, den Zustand des Geldes im Leben nicht mehr abzulehnen, sondern ihn zu würdigen.

ÜBUNG
Transformation der Wahrnehmung
zur Anwesenheit von Geld

Wenn Sie beim nächsten Mal Ihren Geldbeutel öffnen oder Ihr Konto ansehen, haben Sie zwei Möglichkeiten. Sie können denken: »Nein, es reicht schon wieder nicht für das, was ich will.« Oder Sie können Ihren Blick verändern und sagen: »So viel habe ich also. Was könnte ich mit dieser Menge an Geld Schönes anfangen? Was könnte der Fluss meines Lebens mich in diesem Augenblick erleben lassen wollen?«

Was immer sich gerade in der Tasche Ihrer finanziellen Möglichkeiten befindet, ist genau das, was das Leben Ihnen in diesem Moment anbietet. Dem können Sie ein Ja geben, ohne dabei einen Verlust zu haben. Ohne dass das Leben dabei schlechter werden würde.

Vielleicht haben Sie gerade nur ein paar Münzen übrig und Sie denken, das wäre zu wenig. Doch Sie können mit diesen Münzen in ein Café gehen und sich das bestellen, worauf Sie gerade Lust haben. Und damit ist es viel, denn es bereitet Ihnen eine gute Zeit. So geben Sie dem Geld, das Ihnen dies ermöglicht, ein Ja.

Ob man in ein Café geht und sich genau das gönnt, was man gerade möchte, oder ob man sich ein Haus baut, so wie man es möchte, bedeutet für das Unterbewusstsein in dem Moment, in dem das Geld umgewandelt wird, keinen großen Unterschied. Da ist ein Wunsch und eine Erfüllung. Da ist eine Idee und eine Verwirklichung. Da ist ein Bedürfnis und eine Befriedigung. Wenn ein Bedürfnis gestillt wurde, bekommt dieser Vorgang ein »Gut«. Dann bekommt diese ganze Situation ein eindeutiges Ja! Dieses Ja bezieht sich auch auf den Geldzustand in diesem Moment. Wenn Sie mit Ihrem vorhandenen Geld möglichst viele »Gut« erzeugen, werden Sie zur Geldsituation im Laufe der Zeit eine andere Wahrnehmung bekommen, als wenn Sie immer darauf achten, wofür es schon wieder nicht reicht.

»Ja, ich hatte Freude, mir dieses gute Essen oder diese Tasse Kaffee zu gönnen, und ja, es war Geld dafür da. Mein Leben in diesem Moment versorgt mich. Ja, es ist genug, damit genau dieser Moment so stattfinden kann, wie er gerade stattfindet.«

Das ist das Ja, das Sie der Anwesenheit von Geld in diesem Moment geben können. Je öfter Sie zu Ihrem Geld ein solches Ja finden, umso leichter wird sich der innere Schalter bei diesem Thema auf Ja stellen. In manchen asiatischen Ländern opfert man auch immer ein wenig Geld oder legt einige Münzen ins Haus, um sich daran zu erinnern, dass genügend da ist. Sogar genügend, um damit einen Dank auszusprechen.

Ja!

»Wenn Sie immer das bejahen, was gerade möglich ist, und nicht das wollen, was gerade unmöglich ist, verändern Sie Ihre gesamte Sicht der Welt. Dann stellen Sie den inneren Schalter um. Und von diesem Punkt aus haben Sie viel mehr Kraft für Ihre Pläne übrig. Machen Sie immer das Beste aus dem Geld, das Sie haben, ohne das zu beklagen, was Sie noch nicht haben. Das ist das Ja zum Geld. Das stellt den inneren Schalter um.«

Ich habe schon viele Momente erlebt, in denen genau das geschehen ist: Ich habe mir eigentlich nur eine Kleinigkeit gegönnt, aber der Moment war perfekt. Da war so viel Dankbarkeit in mir, für diesen Augenblick, auch die Dankbarkeit, dass mir das Geld dafür zur Verfügung stand. Doch es hat nicht angehalten. Später kamen meine Sorgen wieder zurück.

Das ist vollkommen normal. Kein Zustand ist immer gleich. Mal kommt das Glück des perfekten Augenblicks, ein anderes Mal kann man tun, was man will, und es wird gerade einfach nicht schöner.

Glücksmomente kann man nicht planen, kaum bewusst herbeiführen und nicht konservieren. Nur das Ja zum Leben, wie es kommt, kann man in sich selbst als stabilen Punkt finden. Das Leben nicht mehr ablehnen zu müssen, darin liegt ein großes Glück verborgen.

Geld und das Ja zur Situation

Die Situation ist das, was geschieht. Auf das Geld im eigenen Leben bezogen bedeutet dies: Stimme ich dem, was mit dem Geld gerade ohnehin geschieht, zu? Oder ist da ein Nein?

Angenommen, man sieht, wie jeden Monat bestimmte Beträge vom Konto verschwinden.

»Jeden Monat die Miete und die Kosten für das Auto und für die Kinder ... Wo soll das nur hinführen ...?« Das ist Ablehnung der Situation, das innere Nein zum Fluss des Geldes. Doch wenn man nicht will, dass es von einem wegfließt, gibt man dem Fließen von Geld generell ein Nein. Es fließt einem zu, und es fließt weg. Es durchfließt einen. Das ist die Wahrheit für das innere Ja. Das macht einen widerstandslos zum Geldthema.

Ist es richtig, dass jeden Monat Geld für die Miete auf ein anderes Konto fließt? Für den Ort, der Ihr Zuhause ist? Wenn Sie hier ein grundlegendes Ja finden, haben Sie etwas in sich verändert.

Ich verstehe diesen Weg, alles einzeln anzusehen. Wenn es insgesamt am Ende jedoch zu wenig ist, dann kann man dem auf Dauer nicht zustimmen.

Ja, und wieder geht es nicht darum, eine Situation gutzuheißen. Es geht nicht darum, ihr zustimmen zu müssen. Es geht darum, die innere Ablehnung zu finden und sie zu transformieren, damit eine positive Kraft den Raum einnehmen kann. Stellen Sie sich vor, Sie würden dem, was Sie nicht beeinflussen können, auch keine Energie mehr geben müssen und könnten sich voll und ganz auf das konzentrieren, was Sie im Rahmen der aktuellen Möglichkeiten bewegen können. Wie viel mehr Kraft dann da wäre…

Ja!

»Ihr Verstand hat zwei machtvolle Wörter, um
Unglücklichsein zu erzeugen. Sie lauten: ›Zu wenig!‹.
Das wirkt wie ein Schalter. Prüfen Sie jedes Mal genau,
ob das stimmt, und das Unglück wird weniger.«

Gut, das kommt in mir an. Ich muss mir nicht selbst erzählen, da wären alle Wünsche erfüllt, wenn einfach nicht alle Wünsche erfüllt sind.

Ja. Da ist das Geld, und da sind die Wünsche. Niemand sagt, dass das vorhandene Geld all diese Wünsche jetzt oder sehr bald auch erfüllen muss. Wo steht das geschrieben? Das vorhandene Geld ermöglicht das Leben, so wie es gerade ist. Das ist ein guter Grund, diesem Geld ein Ja zu geben.

Die Wünsche sind die Idee für eine Zukunft. Sie sind der Plan oder die Hoffnung, und sie sind wichtig, um weiter voranzukommen. Diesen Wünschen kann man in sich ebenso ein Ja geben wie dem Geld, das in diesem Moment anwesend ist. Beides, das Geld und die Wünsche, dürfen gleichzeitig genau so da sein, wie sie sind. Sie dürfen gemeinsam in einem selbst existieren, ohne ständig einen Krieg miteinander führen zu müssen.

Jetzt fällt es mir auf. Ich sehe, wo der Konflikt in mir entsteht. Die begrenzte Menge an Geld kämpft gegen so viele kleine und große Wünsche.

So ist es fast immer. Mit dem Wissen um eine begrenze Menge an Geld versucht der Verstand einen Plan zu finden, um einer nahezu grenzenlosen Menge an Wünschen nachzukommen. Das gelingt natürlich nie. Und so entsteht eine Form von Leid.

Ein Wunsch ist in Wahrheit nur eine Idee. Wie kann eine solche Fantasie ein Leidgefühl auslösen? Weil ein unerfüllter Wunsch aus Sicht des Unterbewusstseins einen Mangel darstellt, obwohl es keiner ist. »Ich hätte gerne etwas, das ich nicht habe. Das bedeutet: Mir fehlt etwas.« Das ist meist völlig absurd, denn es fehlt ja gar nichts. Aber so entsteht das ständige Gefühl, zu wenig Geld zu haben. Es ist wie ein Läufer, der auf ein Zielband zuläuft, und das Zielband wird immer wieder weggerückt, sobald er ihm nahe kommt. Er selbst verschiebt das Zielband. Und deshalb kann er niemals gewinnen..

Geld und das Ja zu sich selbst

Wenn man glaubt, man hätte zu wenig Geld, kann sich das auf die Selbstwahrnehmung so deutlich auswirken, dass man arm und hilfsbedürftig erscheint, obwohl man nicht wirklich arm ist. Manche Menschen sehen einen dann sogar als schwach an, obwohl man gar nicht schwach ist. Und so erfolgt eine Behandlung seitens der Umgebung, die der Realität nicht angemessen ist.

Geld ist ein so präsenter Maßstab für menschliche Werte, dass der Mensch selbst oft gar nicht mehr gesehen wird. Weil das Herz nicht sehen kann, wenn das Ego nur das Materielle in den Fokus schiebt. Das Ja als Mensch zu sich beim Thema Geld ist ein inneres Ja zu sich selbst. Unabhängig von jeder vorhandenen Geldsumme zu irgendeinem Zeitpunkt.

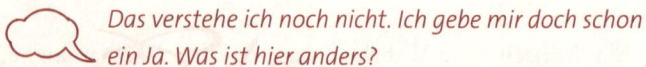

Das verstehe ich noch nicht. Ich gebe mir doch schon ein Ja. Was ist hier anders?

Manchmal hat man eine Idee für eine Veränderung. Einen Traum, ein Ziel. Man hat etwas, was man gerne beginnen würde. Aber da ist ein inneres Nein, das immer am selben Punkt ein Weiterkommen verhindert. »Ja, ich würde so gerne dieses tun, aber nein, ich kann nicht, weil ich nicht genug Geld habe.« Immer wenn man an diesen Punkt stößt, entsteht ein innerer Schmerz. Es ist wie ein Zurückzucken vor einer Grenze. Ein Ohnmachtsgefühl. Man möchte, aber man kann es sich nicht erlauben. Wie ein ständiges Nein zu sich selbst. »Nein, das geht nicht. Nein, das darfst du nicht riskieren.«

ÜBUNG
Transformation der Geldwahrnehmung

Nehmen Sie von dem Geld, das Sie haben, einen Betrag, den Sie gerade entbehren können. Ganz gleich, wie viel oder wie wenig es sein mag.

Dieser Betrag ist nicht Geld zum Überleben. Es ist auch kein Geld, um sich gerade etwas Gutes zu tun und auch nicht um sich etwas zu sparen. Dieses Geld steht Ihnen ab sofort zur Verfügung als eine »Investition in Ihre Zukunft«. Möchten Sie das? Dann finden Sie dazu in sich ein Ja.

Überlegen Sie nun, was eine Investition in Ihre Zukunft bedeutet. Vielleicht kommen Sie auf die Idee, dass etwas, das einen schon lange vorhandenen Mangel beseitigt, eine Investition in Ihre Zukunft ist. Vielleicht brauchen Sie ein neues Kleidungsstück oder eine andere Frisur, damit Sie im Beruf anders wirken. Das wäre eine Investition. Oder Sie brauchen ein besseres Werkzeug für Ihren Beruf. Oder Sie möchten einen Kurs besuchen, der Sie Ihrer Lebensidee näher bringt. Oder einen Kurs, der Ihnen hilft, Ihre Lebensidee zu finden. Oder Sie laden eine andere Person zum Essen ein, weil Sie eine gemeinsame Zukunftsidee besprechen möchten. Was auch immer Sie voranbringt, ist eine Investition in Ihr Leben.

Wenn Sie diese Übung durchführen, werden drei grundlegende Entscheidungen Ihren inneren Schalter verändern:

- Ich habe immer genug für das, was ich zum Leben brauche. Dafür kann ich dankbar sein.
- Ich habe immer eine gewisse Summe übrig für die Investition in meine Zukunft. Das macht Geld für mich so wertvoll.
- Ich mache aus allem, was ich gerade habe, immer das Beste und beklage mich nicht. Das ist mein Dank für das, was da ist.

Ja!

»Geld gibt man nicht einfach aus. Geld investiert man
in sich selbst und in sein Leben. Das ist ein großer
Unterschied und eine Tatsache, der Sie immer ein
großes Ja geben können.«

DIE BEREICHE IHRES LEBENS

Ja!
und die Selbstliebe

Die Selbstliebe steht im Zentrum vieler Lehren über ein besseres Leben. Diese Selbstliebe scheint eine große Aufgabe und viel Arbeit zu sein. Das ist sie oft auch, so lange wie man glaubt, man müsse aktiv etwas an sich selbst »gut finden lernen«.

An sich selbst etwas als gut zu bewerten bedeutet, dass ein Ich lernt, sich selbst toll zu finden. Das ist das Verändern einer Meinung. Erst meinte ich, es gäbe Gründe, warum ich nicht liebenswert wäre. Nun meine ich, es gibt Gründe, warum ich liebenswert bin.

Das ist natürlich auf jeden Fall besser als vorher. Doch eine positive statt eine negative Meinung über sich selbst zu haben ist noch nicht das Ende der Reise zur Liebe. Noch immer ist man von Gründen abhängig, damit die positive Meinung über sich selbst erhalten bleiben kann. Doch Gründe und Meinungen kommen und gehen. Deshalb kommt und geht bei vielen auch diese Form von Selbstliebe.

Gehen Sie den Weg weiter, über das »Gutfinden« hinaus. Gehen Sie zu dem inneren Ja zu sich selbst, in jeder Form, die Sie in diesem oder jenem Moment haben. Das ist Ihr Ja zu Ihrem eigenen Dasein, so wie Sie gerade sind, und nicht anders. Nichts wird abgelehnt. Nichts muss an Ihnen verändert und verbessert werden. Nichts muss gut gefunden werden. Alles darf da sein.

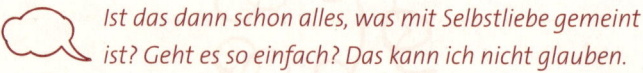

Ist das dann schon alles, was mit Selbstliebe gemeint ist? Geht es so einfach? Das kann ich nicht glauben.

Was sollte es sonst sein? Liebe ist ein Zustand ohne Ablehnung, eins mit allem, ohne dafür etwas Besonderes tun oder lassen zu müssen. Selbstliebe ist dann der Zustand ohne Gegenwehr und Ablehnung gegen sich selbst.

Falls Sie in sich Ablehnung gegenüber sich selbst spüren, so ist diese niemals so pauschal oder grundsätzlich, wie sie Ihnen erscheint. Sie erleben, wie schon so oft, nur das Ergebnis einer versteckt abgelaufenen Berechnung des Unterbewusstseins. Ein Gegeneinander-Abwägen von Jas und Neins zu sich selbst, das schließlich zu einem Gesamturteil wird. Und selbst wenn nur eine einzelne Eigenschaft an sich selbst abgelehnt wird, kann das Ergebnis die komplette Selbstablehnung sein. Nicht schön genug. Nicht leistungsfähig genug. Nicht geschickt genug. Nicht stark genug. Nicht männlich oder weiblich genug ... Irgendetwas ist es immer.

Für ein Selbstgefühl, das von solchen Gedanken abhängig ist, genügt schon eine kleine Bemerkung, ein winziger Zweifel, um ein inneres Nein zu sich selbst zu erzeugen.

Der einfachste Weg, dieses pauschale innere Nein zu sich selbst zu transformieren, liegt darin, sich selbst ein grundsätzliches Ja zu geben. Ein Ja zu allem, zu jeder Eigenschaft und zu jedem Zustand in einem selbst. Ein Ja, das auch alle Schwächen und Fehler einschließt. Das bedeutet nicht, nichts verändern zu wollen oder alles auszuleben. Es ist nur ein Ja zu dem, was in Ihnen ist. Ein Ja zum eigenen Menschsein.

Falls das nicht gleich gelingt, gibt es einen zwei-einfachsten Weg. Es ist das schrittweise Ja zu jedem einzelnen Teil, der einen als Mensch ausmacht.

Ja!

»Sie brauchen nicht lernen, sich selbst zu lieben.
Sie müssen sich auch nicht gut finden lernen. Finden
Sie die einzelnen Ablehnungen, und geben Sie dort
ein Ja. Das genügt völlig. Liebe ist der Zustand, der von
selbst folgt, wenn die Ablehnung verschwunden ist.«

Die Selbstliebe und der Irrtum des Verstandes

 Diese Selbstablehnung und die inneren Vorwürfe, die ich mir mache, sind tatsächlich unlogisch und verrückt. Und dennoch spüre ich sie immer wieder. Mich würde interessieren, wie das in mir entsteht.

Ein Nein zu sich selbst ist das Irrtumsprodukt des nach Erklärungen und Fehlern suchenden menschlichen Verstandes. Bezogen auf die Natur ist das ein einzigartiger Vorgang. Kein anderes Lebewesen auf diesem Planeten lehnt seine eigene Existenz ab. Kein anderes Lebewesen lehnt seine eigenen Eigenschaften ab.

Wenn der Verstand ein Problem mit dem Leben feststellt, liegt die erste Stufe seiner Erkenntnis immer in einer Meldung aus der Welt der Gefühle. Diese Meldung ist immer gleich, und sie lautet: »Ich spüre unschöne Gefühle. Es geht mir nicht gut.«

Wie schon angesprochen war diese Erkenntnis in Urzeiten für das Überleben fast schon ausreichend. Unsere Vorfahren gingen dann los und sorgten für Abhilfe. Man besorgte sich etwas zu essen gegen den Hunger. Einen geschützten Platz gegen das Wetter. Wasser gegen den Durst. Ein Werkzeug für eine Aufgabe.

Wenn unser Verstand in der heutigen Welt wieder einmal die Meldung bekommt, »Es geht mir nicht gut«, so sieht er sich um und findet genug Wasser, genug Nahrung und genug Schutz. Daran kann es nicht liegen. Also forscht er weiter. Gibt es genug Sicherheit? Genug Geld? Genug Freundschaft? Genug Unterhaltung? Genug Liebe? Von irgendetwas muss gerade »nicht genug« da sein, sonst wäre da nicht die Meldung, dass es »nicht gut« geht.

Auf eine solche Meldung aus der Welt der Gefühle hin hat der Verstand nur eine einzige Möglichkeit: Er muss einen Mangel beseitigen. Er muss versuchen, in der Umgebung etwas herbeizuschaffen. Das ist sein Weg, um wieder Glück zu erzeugen.

Und nun gibt es zwei Varianten, wie das Leben weiter verlaufen kann.

Variante 1:
Ich muss die Mängel in meinem Leben finden und beseitigen
Die erste Möglichkeit liegt darin, dass der Verstand noch eine ganze Zeit lang viele theoretische Mangelpunkte findet und sich Wege ausdenkt, an deren Beseitigung zu arbei-

ten. Mehr arbeiten für mehr Sicherheit. Ein schöneres Auto, eine bessere Einrichtung und so weiter. All dies sind schöne Dinge im Leben und nichts spricht dagegen, sie sich zu gönnen. Es kann jedoch sein, dass auch nach der Erfüllung dieser Wünsche noch immer das Gefühl da ist, »Es geht mir nicht gut«. Und dann wird das Problem für den Verstand richtig groß.

Das ist ein Grund, warum so viele Menschen, die sich im Leben Erfolg und Wohlstand erschaffen haben, so unglücklich sein können. Der Verstand konnte das Gefühl, es ginge einem nicht gut, trotz aller Maßnahmen nicht beseitigen. »Nun habe ich wirklich alles. Ich habe jeden Mangel beseitigt, der mir einfiel. Und noch immer kommt das bleibende Glück nicht.«

Jetzt kommt der verwirrte Verstand auf eine neue Idee, wo der Mangel liegen könnte: in seinem Wirt selbst. »Vielleicht ist ja etwas an mir, an meinen Körper, an meinem Aussehen, an meinen Leistungen oder an meiner ganzen Art und Weise nicht gut? Was könnte das nur sein?« Damit geht die Fehlersuche hier los.

Das ist die erste Variante, wie das Leben verlaufen kann, wenn man spürt, dass es einem nicht gut geht.

Variante 2:

Nichts Neues, Glückbringendes herbeiführen zu können ist mein großer Fehler

Die zweite Variante wird aktiv, wenn die Lebensumstände es nicht erlauben, sich an die Beseitigung von scheinbaren Mängeln im Außen zu machen. Wenn zum Beispiel keine

Möglichkeit besteht, um mehr Geld zu verdienen. Oder tollere Dinge zu erleben. Oder mehr Freunde zu haben. Oder noch mehr Ablenkung zu erzeugen. Oder mehr Liebe zu bekommen.

Wenn das Leben diese Möglichkeiten nicht anbietet, kommt der Verstand auf die Lösung, der Mangel läge in einem selbst. Jemand muss verantwortlich sein, wenn die Fülle nicht kommt. Nachdem irgendwann auch das Verantwortlichmachen anderer nichts nützte, bleibt nur noch die letzte Lösung: Ich selbst bin schuld. Dann wird aus »Es geht mir nicht gut« ein »Etwas an mir ist nicht gut«.

Das ist der einfache und immer gleiche Mechanismus vom ewigen Mangelgefühl. Und dieses Mangelprogramm baut auf einem ebenso einfachen, aber großen Irrtum auf.

Der Irrtum des Verstandes zu Liebe und Leistung

Kann man sagen, dass mir in Wahrheit gar nichts fehlt und all die Selbstablehnung das Produkt eines Irrtums ist?

Ja, und der Ablauf ist so: Der Verstand glaubt, er würde einen Mangel an Liebe bemerken. Aus der Kindheit weiß er, wie er Liebe bekommen kann: durch mehr oder bessere Leistung. Oder durch Folgsamkeit oder ein anderes bestimmtes Verhalten. Also macht er das auch als Erwachsener und hofft, dass nun die guten Gefühle kommen. Doch es gelingt nicht, denn die Gleichsetzung von Liebe und irgendeiner Form von Leistung ist ein Irrtum. Es ist das Produkt von Kindheitsprägungen. Nie war man gut genug. Immer musste man etwas leisten, für ein wenig Liebe. Und dann noch mehr. Und selbst dann war es noch nicht einmal Liebe. Dann war es vielleicht nur Duldung. Und was immer man auch machte, wie gut, folgsam oder fleißig man auch immer war – selten oder nie fühlte man wirkliche Liebe.

Darin besteht der verborgene Irrtum. Es wird nie gelingen, Liebe durch Leistung zu erzeugen, weil Liebe nicht mit Leistung in Verbindung steht.

Ja!

»Liebe hat nichts mit einem Mangel an Leistung zu tun.
Für Leistung erhält man höchstens Lob. Lob kommt
und geht. Lob ist keine Liebe. Dieser einfachen Tatsache
kann man sein grundsätzliches Ja geben.«

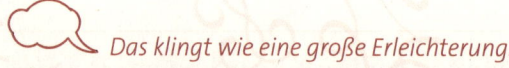 *Das klingt wie eine große Erleichterung.*

Ja. Es gibt keinen Grund, weiterhin für andere zu rennen. Dort befindet sich die Liebe nicht. Es gibt auch keinen Grund, immer mehr zu erreichen. Dort befindet sich das Glück nicht. Davon wissen viele glückliche Menschen zu berichten. »Es geht mir nicht gut« hat auch nichts damit zu tun, dass man selbst Fehler hätte.

Manchmal blitzt die Erkenntnis für einen Moment lang auf. Dann sagt der Mensch vielleicht: Eigentlich sollte ich zufrieden sein mit dem, was ich habe. Oder: Ich brauche mich eigentlich nicht zu beklagen. Oder er sagt: Ich weiß schon, es geht mir ja eigentlich gut.

Ja!

»Die wirkliche Selbstliebe ist ein Zustand, der eintritt, wenn die verschiedenen Formen von Nein zu sich selbst verschwinden. Der Weg dorthin ist, sie einzeln anzusehen und das Ja zu finden. So verlieren sie ihre zerstörende Kraft.«

Das Ja zu den Wünschen nur für sich selbst

Wenn Sie einen Wunsch haben und sich selbst nicht erlauben, dass dieser Wunsch vollkommen in Ihnen anwesend ist, lehnen Sie etwas ab, was Sie selbst sind. Der Wunsch ist ein Teil von Ihnen.

Manchmal sagt man: Natürlich lehne ich meinen Wunsch

nicht ab. Ich will ihn verwirklichen. Doch gleichzeitig stellen sich im Unterbewusstsein einige Schalter auf ein stummes inneres Nein um, sobald man an den Wunsch denkt.

Einige Gründe, warum der innere Schalter im Geheimen die Wünsche verurteilen kann:

- Wünsche haben ist nicht gut, weil es wehtut, wenn sie sich nicht erfüllen. Lieber keine Wünsche haben.
- Wünsche nur für mich selbst, das ist nicht spirituell.
- Einfach nur etwas Schönes, Teures haben zu wollen ist unsozial. Meine Wünsche sollten immer auch etwas Gutes für andere bedeuten. Ich will Gutes bewirken.
- Materielle Wünsche zu haben bedeutet, sich dem Geld zu unterwerfen. Dann ist man innerlich abhängig von Geld. Das ist nicht gut.
- Ich bin es gar nicht wert, ich habe es nicht verdient, dass sich in meinem Leben solche Wünsche erfüllen. Da sind andere mehr wert.

Und so weiter. Ihre Wünsche, ganz gleich, ob materiell oder ideell, sind etwas, was Sie nicht ablehnen müssen. Ihre eigenen Gedanken und Gefühle abzulehnen macht überhaupt keinen Sinn. Ihre Wünsche sind genau das, was in Ihnen anwesend ist. Vielleicht ist es eine große Sehnsucht oder ein Wegweiser der Seele. Was sollte daran falsch sein?

Sie dürfen Ihren Wünschen ein Ja geben, ganz besonders dann, wenn sie Ihnen völlig eigennützig und nur für Sie selbst erscheinen. Das ist nicht egoistisch. Das ist Selbstannahme. Es ist der Beginn von Selbstliebe. Sie geben diesem Teil von sich ein grundsätzliches Ja.

Aber was soll ich tun, wenn sich ein großer Wunsch nicht erfüllt? Dann werde ich doch auch unzufrieden, und dann gebe ich mir irgendwo schon wieder ein Nein.

Es geht nicht immer als Erstes um die Erfüllung. Das ist der letzte Schritt. Die Tatsache anzunehmen, dass man einen Wunsch hat und ihn voll und ganz in sich anwesend haben darf, ist der erste Schritt. Das ist unabhängig von allem anderen. Dieses bedingungslose Ja zu sich selbst mitsamt dem verbundenen Wunsch bedeutet Selbstannahme. Diese Annahme ist der Beginn der Erfüllung. Wie soll etwas eintreten, was man sich im Versteckten eigentlich selbst nicht erlaubt? An das man Bedingungen geknüpft hat, wie zum Beispiel, ob der materielle Wunsch auch spirituell »gut« ist. Ob man selbst ein weit entwickelter Mensch ist, obwohl man sich doch noch immer solche materiellen Dinge ersehnt. Alles ist spirituell gut für Sie, sobald Sie es in sich selbst nicht mehr ablehnen, weil die Nicht-Ablehnung einer der höchsten Bewusstseinszustände ist.

Das Ja zur eigenen Wahrnehmung

Heute mag man sich selbst. Man findet sich oder etwas an sich gut. Und morgen vielleicht nicht. Heute tut man etwas, damit man sich wohlfühlt. Und in einer Woche ist das Wohlfühlen wieder verschwunden. Dieser Ablauf hat mit Ihrer Wahrnehmung zu tun. Diese Wahrnehmung verändert sich unablässig. Sie ist an versteckte Gefühlsabläufe in Ihrem Unterbewusstsein gekoppelt, auf die Sie zum großen Teil kaum Einfluss haben. Wenn man Selbstliebe mit der täglichen und stündlich wechselnden Wahrnehmung verknüpft, wird man in seinem Selbstgefühl von den unbewussten Emotionen abhängig sein.

Geben Sie jedem Zustand in sich ein Ja. Dann kommt immer mehr Liebe. Und gleichzeitig kann man damit fortfahren, sich Gutes zu tun, wann immer man möchte. Seinen Zielen nachzugehen, wie man es möchte. Nur wird man nun nicht mehr leiden, wenn die innere Stimmung morgen nicht genauso ist wie gestern.

Ja!

»Das Ja zu dem, was kommt und geht,
ist der einzige, dauerhaft stabile Zustand.
Das Ja zu den Wellen der Brandung ist der Fels
in der Brandung, den Sie vielleicht suchen.«

ÜBUNG
Die Wahrnehmung des Selbst

Jeder Tag ist anders. Das ist das Ja zum Leben. Jeden Tag erlebt man sich selbst anders. Das ist das Ja zu sich selbst. Und so kann man sich selbst betrachten, während man im Zustand vollkommener Annahme bleibt: Betrachten Sie sich in einem Spiegel. Was immer Sie sehen und was immer Sie dabei empfinden, darf in dem Satz münden: »Ach, so ist heute meine Wahrnehmung. Interessant, wie sich das verändert.« Da ist kein Widerstand mehr in der Feststellung. *Was* Sie im Spiegel wahrnehmen, ist viel weniger wichtig, als *wie* Sie es wahrnehmen. Das ist gemeint, wenn man sagt, die Schönheit läge im Auge des Betrachters.

Das Ja zu den körperlichen Zuständen

Aber es ist doch richtig, wenn man sich selbst schön macht, sodass man sich beim Ansehen auch mag?

Natürlich ist das richtig. Es ist ein Dank an den Körper, der einem gegeben wurde, wenn man ihn pflegt und achtet. Nur irgendwann verändert sich der Körper. Vielleicht wird er einmal krank, oder er wird einfach älter. Ist man ihm dann nicht mehr dankbar? Kann man sich dann selbst nicht mehr so gut annehmen wie früher?

Unter dem Zustand, den manche Menschen mit Selbstliebe beschreiben, verstehen sie in Wahrheit »sich selbst mögen«. Mögen ist etwas Aktives. Man denkt: Das finde ich gut, das mag ich. Meine Haare sind heute sehr schön. Ich mag meine Frisur. Doch am nächsten Morgen sind die Haare anders und man denkt: Heute mag ich meine Haare nicht. Und die Selbstliebe ist verschwunden.

»Gut finden« ist nicht Liebe. Gut finden ist gut finden. Liebe ist der Zustand, wenn das Spiel von Ablehnung und Gutfinden keine Rolle mehr spielt.

»Heute ist meine Frisur schön. Das ist in Ordnung. Morgen ist meine Frisur anders. Das ist in Ordnung, auch wenn ich es nicht so schön finde wie gestern. Ich werde mich schöner machen, weil ich es so gut finde. Aber auch falls nicht, wäre ich selbst in Ordnung.« Liebe ist das Ja dazu, dass die Dinge sich ständig verändern, auch an einem selbst. Dass etwas oder jemand oder der eigene Körper heute so ist und morgen ganz anderes und dass daran nichts falsch ist.

»Ich bin heute so, und ich finde es gerade nicht schön und nicht toll. Aber so ist es, und so ist mein Körper an diesem Tag. Dazu gebe ich mein Ja.« Das ist die innere Haltung, die einen davon erlöst, »gut sein zu müssen« und »sich lieben lernen zu müssen«.

Das Ja zu den Gedanken

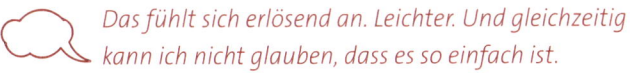

Verhilft es zu einem guten Leben,
wenn man positiv denkt? Das hört man so oft.

Natürlich kann man nichts dagegen sagen, wenn jemand sich darin übt, die Dinge positiv zu sehen. Das ist ein wichtiger Schritt, um aus der Situation des negativen Denkens herauszukommen. Gleichzeitig liegt im Bemühen, immer positiv denken zu wollen, manchmal ein neuer Trick des Verstandes verborgen. Denn die Welt ist nicht immer nur positiv. Genauso wenig, wie alles immer nur negativ ist. Der Verstand ist klug genug, um auf einer versteckten Ebene zu wissen, dass positives Denken zwar ganz gut, aber noch nicht die höchste Wahrheit ist. Und so haben manche Menschen ihre Mühe damit, das positive Denken im Leben durchzuhalten.

Wie wäre der Gedanke, dass die Welt einfach nur genau so ist, wie sie ist? Nicht positiv und nicht negativ. Einfach nur die Welt. Wie wäre der Gedanke, dass das eigene Leben gerade einfach nur so abläuft, wie es abläuft? Und auch wenn es gerade ein Leid erzeugt, kann man dem Leben gegenüber noch immer sein Ja geben, dazu, dass es gerade so ist.

Das fühlt sich erlösend an. Leichter. Und gleichzeitig
kann ich nicht glauben, dass es so einfach ist.

Es ist so einfach. Nur der Verstand will nicht, dass es so einfach ist, und dagegen kann man nichts machen. Außer dem, was der Verstand gerade denkt, ebenfalls ein Ja zu geben. »Ja, du denkst, es kann nicht so einfach sein, und das ist vollkommen in Ordnung.«

Also lasse ich ab jetzt meine Bemühungen, das Leben möglichst positiv zu sehen, beiseite?

Beides hat seinen Platz. Beides darf gleichzeitig in einem anwesend sein. Das positive Denken und die Erlebnisse von Negativem. Der Unterschied ist, dass man ab jetzt das Vorüberziehen von etwas Unangenehmen nicht mehr ablehnt. Man muss sich nicht mehr zwingen, eine schlechte Situation positiv zurechtzudenken. Man kann stattdessen sagen: »Ja, das tut weh. Ja, das ist eine unschöne Lage. So ist das Leben hier und jetzt gerade.« Und damit hat man einen anderen Startpunkt für das kommende Handeln. Man beginnt bei einer Annahme des Lebens, nicht bei einer Ablehnung.

Das positive Denken und die Annahme der Gedanken

Noch einmal zum positiven Denken: Es gibt einen grundlegenden Unterschied zwischen positivem Denken und der Tatsache, zu den eigenen Gedanken Ja zu sagen. Wenn Sie positiv denken üben, dann möchten Sie etwas verändern. Wenn Sie hingegen einem oder mehreren Ihrer auftauchenden Gedanken ein Ja geben, möchten Sie in diesem Moment nichts an den Gedanken verändern. Damit nehmen Sie sich selbst für diesen kurzen Moment des Gedankens lang genau so an, wie Sie sind. Das ist ein Moment ohne Ablehnung in Ihrem Leben. Ein Moment von Liebe.

ÜBUNG
Die negativen Gedanken annehmen

Man verurteilt die eigenen negativen Gedanken. Das erzeugt Schuldgefühle, und damit lehnt man sich selbst ab. Wenn Sie sich darin üben möchten, diesen tief verankerten Mechanismus zu verändern, brauchen Sie nicht über Ihren Schatten springen und plötzlich »alles gut finden«.

Wenn eine unschöne oder leidvolle Situation im Außen abläuft oder wenn etwas Negatives in Ihnen abläuft, ruft der Verstand automatisch: »Nein! Nicht gut!« Fragen Sie in diesem Moment, ob er recht hat. Woher will er das ohne jeden Zweifel wissen? Wie kann er sich so sicher sein, dass alles, was gerade geschieht, für jeden falsch ist?

Die einzige immer gültige Wahrheit, die man in jedem Moment bedingungslos annehmen kann, lautet: »Es ist genau so, wie es ist.« Falls sich die Gedankenmühle weiterdreht, fragen Sie sich: »Kann ich sicher sein, dass dieser Gedanke die vollkommene Wahrheit ist? Kann ich sicher sein, dass er überhaupt eine Bedeutung hat?«

Nur zu einem können Sie ganz sicher Ja sagen: »Ja, das ist ein Gedanke. Mehr weiß ich in diesem Moment nicht.« Und das genügt schon, wenn es um Selbstliebe und Gedanken geht. Damit geben Sie dem Gedanken das Recht, anwesend zu sein. Sie geben sich selbst das Recht, den Gedanken zu denken. Und Sie geben sich das Recht, den Gedanken zu hinterfragen. »Ja, ich darf das denken, und ja, ich darf unsicher sein, ob das auch stimmt.«

Das Ja zu den Gefühlen

Wenn ein deutliches Gefühl in einem hochkommt, gibt es dafür zwei wesentliche Gründe. Entweder es ist ein großes Grundgefühl aus der Seele – wie die Liebe. Oder es ist eine Emotion aus dem Unterbewusstsein, wie Euphorie, Wut, Angst.

Ganz gleich, ob ein Gefühl aus der Seele anwesend ist oder ob eine Emotion aus dem Unterbewusstsein hochschießt: Der nachdenkende Verstand hat wenig Chancen, die Anwesenheit des Gefühls zu verhindern. Was er jedoch in jedem Fall macht, ist, es zu bewerten. Er teilt Gefühle in gut und nicht gut ein. Den guten gibt er ein inneres Ja, den anderen eine Ablehnung. Mit der Ablehnung gibt er dem Teil von Ihnen, den er nicht mag, ein Nein.

Der Verstand weiß nicht, dass alle Gefühle, ohne Unterschied, ein Teil seines Menschen sind. Er glaubt, die »nicht guten« Gefühle wären eine Art Fehler, den man beseitigen müsste.

Gefördert wird diese Überzeugung durch die Außenwelt. In den Medien und in der Werbung sieht man ständig, dass nur die als gut angesehenen Gefühle ein glückliches und erfolgreiches und gesundes Leben versprechen. Das unterstützt die Idee des Verstandes, dass die schlechten Gefühle ein Fehler für ein erfüllendes Leben wären.

Nein, diese Einsamkeit darf nicht sein, wo führt das hin, wenn ich das zulasse? Nein, diese Wut in mir ist nicht gut, das richtet Schaden an. Ja, die Liebe ist gut, der muss ich nachlaufen. Bei jedem Gefühl wird in Ja oder Nein unterschieden.

Auf diese Weise kann kein Glück entstehen. Dem Verstand ist nicht klar, dass jedes abgelehnte Gefühl eine Ablehnung des eigenen Daseins bedeutet. Und sich selbst abzulehnen ist eine Form von Wahnsinn.

Also nehme ich jedes Gefühl und jede Emotion an, wie sie kommt? Das kann aber anderen auch schaden.

Annehmen bedeutet nicht ausleben, besonders nicht gegen andere. Annehmen bedeutet ein Ja geben und dann nach einem Weg suchen, der keinem anderen schadet. Wenn Wut kommt, kann man hinter das Haus gehen und zwei Stunden Holz hacken. Oder so lange rennen, bis man erschöpft ist. Danach ist die Wut deutlich weniger, und es hat niemandem geschadet. Falls man mit Holz heizt, hat die Wut sogar noch für Wärme gesorgt. Wozu einen anderen Menschen für die eigenen negativen Emotionen benutzen?

Die Tatsache, dass der Verstand sich eine Meinung zu einem auftauchenden Gefühl bildet, wird man vielleicht nicht ändern können. Er wird immer denken: »Dies fühlt sich schön an, jenes fühlt sich nicht schön an.« Da kommt man nicht heraus, weil es einfach die Wahrheit ist. Leid ist nicht schön, da lässt sich auch nichts umprogrammieren.

Was sich jedoch verändern lässt, ist der Umgang mit dem ohnehin anwesenden Besucher Leid. Wenn Sie jedem Gefühl als Erstes keine Ablehnung oder Zustimmung, sondern ein Ja als Kenntnisnahme entgegenbringen, wird sich viel verändern. Es ist wie ein innerer Dialog mit dem jeweiligen Gefühl.

»Ja, ich nehme dich wahr. Ja, du darfst anwesend sein.

Nein, es fühlt sich nicht gut an, aber ja, du darfst dennoch in mir anwesend sein. Nein, ich werde dir nicht folgen. Ich werde nicht handeln, so wie du es willst. Aber ja, du darfst anwesend sein.«

Nur zur Anwesenheit geben Sie Ihr bedingungsloses Ja. Darin liegt der Schlüssel für die große Veränderung.

Das Ja zur eigenen Ablehnung

Wenn der Weg der Annahme gegangen wird, verändert sich Grundlegendes im Leben. Es ist eine essenzielle Transformation des eigenen Bewusstseins. Viel Veränderung macht dem Verstand zu schaffen. Manchmal versucht er, sich zu schützen, indem er der Veränderung selbst sein Nein gibt. Er wird vielleicht irgendwann damit beginnen, das Ja ablehnen zu wollen.

»Nein, ich habe keine Lust mehr, ein Nein zu finden und es zu transformieren. Ich habe einfach keine Lust mehr, auf die Annahme zu achten. Das alles will ich nicht. Ich will zurück in den alten Zustand.«

Wenn es nicht möglich ist, zu etwas ein Ja zu geben, obwohl es in diesem Augenblick die Realität ist, dann geben Sie dieser Tatsache selbst in diesem Moment ein Ja. Auch Ihre Ablehnung ist gerade in diesem Moment in Ihnen anwesend. Wenn schon nicht der Welt um Sie herum, dann geben Sie der Welt in sich selbst das Ja.

»In mir ist Ablehnung. Ich habe keine Lust, dies oder das anzunehmen. Und das ist gerade die einzige sichere Wahrheit, die ich spüre. Das ist das Einzige, dem ich ein Ja geben kann.«

Mehr braucht es in diesem Moment nicht.

Das Ja zur scheinbaren Unvollkommenheit

Selbst wenn der Weg der Transformation zur Annahme und Selbstannahme bereits begonnen hat, bedeutet das nicht, dass keine Gedanken oder Gefühle von Mangel mehr aufkommen können. Auf einen selbst bezogen könnte es der Glaube sein, man würde nicht vorankommen. Man wäre nicht gut genug, und andere wären hier oder dort besser.

Dieses Gefühl, dass man selbst fehlerhaft oder unvollkommen sei, erzeugt Leid. Das Gefühl, dass die Welt um einen herum unvollkommen und fehlerhaft sei, erzeugt ebenfalls Leid.

Doch warum etwas ablehnen, wo es doch in diesem Moment nur genau so ist, wie es ist? Wenn Sie eine Situation als unvollkommen annehmen und ihr ein Ja geben, zeigt sie sich in ihrer ganzen Schönheit.

Ja, technisch gesehen kann etwas einen Fehler haben oder noch nicht fertig sein. Wenn man sich nur ansieht, was noch zu tun ist, wird es einem immer unvollkommen erscheinen. Immer gibt es noch etwas Letztes zu verändern. Und danach noch etwas Allerletztes. Und so weiter. In Wahrheit gibt es keinen endgültig letzten Zustand. Es wird sich alles immer weiter verändern, das ist das Normale. Was heute gut oder perfekt ist, ist in einem Jahr oder in einem Monat schon ein alter Hut. Darin liegt kein Fehler. Warum also sollte es in einem selbst anders sein als beim Rest der Welt?

»Heute bin ich auf einem Weg. Scheinbar noch unvollkommen. Morgen bin ich endlich angekommen. Scheinbar fertig. Und übermorgen gibt es eine neue Idee, ein neues Ziel, eine neue Herausforderung. Und wieder bin ich auf dem Weg.«

Dieser einfachen Tatsache über sich selbst können Sie immer ein Ja geben. Sie sind nicht unvollkommen. Sie sind vollkommen ein Mensch auf seinem Weg. Jeder Moment davon ist richtig.

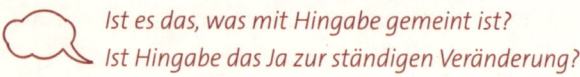

Ist es das, was mit Hingabe gemeint ist?
Ist Hingabe das Ja zur ständigen Veränderung?

Das könnte man sagen. Hingabe ist die Abwesenheit von Widerstand. Auch den gegen Veränderung. Oft wird sich hingeben verwechselt mit sich aufgeben. Mit nichts mehr erreichen wollen. Doch das Ja zu einer Situation bedeutet nicht, diese Situation niemals verändern zu wollen. Es bedeutet, Sie geben Ihr Ja zu etwas, so wie es ist. Und danach geben Sie Ihr Ja zu der Aufgabe, die in der Situation steckt. Das Ja zu einer aktiven Veränderung der Situation. Das ist mit Hingabe gemeint: Kein Widerstand gegen das, was gerade zu tun ist. Was auch immer es ist.

Ja!

»Der Weg zum höchsten Glück mit sich selbst ist,
jeden Tag eine innere Ablehnung zu finden,
die man in ein Ja umwandeln kann.«

DIE BEREICHE IHRES LEBENS

Ja!
in Kindheit
und Erziehung

Jeder erwachsene Mensch hat eine Lebensphase durchlaufen, in der er die Bedeutung und die Folgen von Ja oder Nein intensiv erfahren und gelernt hat. Während der frühen Kindheit strebt jedes Kind ständig danach, etwas haben und etwas erreichen zu dürfen. Und die Eltern streben ständig danach, dem Kind einen Weg zu geben. Das meistbenutzte Wort in dieser Phase von Erziehung ist das Nein. Sowohl von den Eltern als auch vom Kind. Das Nein der Eltern soll die Fahrbahnbegrenzung für den Weg des Kindes sein. Das Nein des Kindes ist die Gegenwehr gegen diese Begrenzungen. Wenn das Kind das Wort Nein benutzt, versucht es damit, mehr Freiheit für sich zu gewinnen. Wenn die Erwachsenen es dem Kind gegenüber benutzen, versuchen sie, dessen Freiheit einzuengen. Und so hat das in der Kindheit erlebte Nein zwei vollkommen widersprüchliche Bedeutungen erhalten.

Im Unterbewusstsein vieler Erwachsener wirkt das Nein, das *Dagegensein*, auch heute noch, als wäre es eine Möglichkeit, seine eigene Freiheit auszudrücken. »Ich lehne dies und jenes ab, und das ist mein freier Wille. Seht hin, wie sehr ich dazu stehe, das abzulehnen.«

Doch Ablehnung ist immer ein Kampf gegen etwas. Es ist nicht dasselbe wie Freiheit.

Natürlich haben Eltern es als erste Aufgabe, dem Kind den Weg zu weisen, wie das Leben funktioniert. Darin liegt kein Fehler. Und man kann ein Kind auch aus ganz praktischen Gründen nicht einfach machen lassen, was es in jedem Moment machen will. Darum geht es auch nicht. Es geht darum, als Eltern den Mechanismus von Annahme und Ablehnung zu verstehen. Bei Kindern kann man das sehr gut beobachten. Und währenddessen kann man auch sich selbst sehr gut beobachten. Warum sage ich gerade Nein? Und was löst es beim Kind aus? Ist da vielleicht manchmal ein Spiel aus Macht und Gegenwehr? Die automatisch ablaufende Wirkung der Jas und Neins zu beobachten ist für Eltern ein großartiger Bewusstwerdungsprozess, in dem sie gleichzeitig sehr viel über sich selbst erfahren können.

Wie Schuld- und Fehlergefühle entstehen

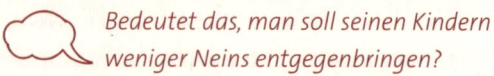

Bedeutet das, man soll seinen Kindern weniger Neins entgegenbringen?

Es bedeutet nur, sich genau anzusehen, auf welche Weise man das Ja und das Nein benützt, weil dies das gesamte spätere Leben des Kindes prägen wird.

Sehr viele Menschen gehen als Erwachsene mit Gefühlen von Schuld, Unzulänglichkeit und Fehlerhaftigkeit durchs Leben. »Ich bin nie gut genug.« Das ist ein wirklich großes Thema. Selbst im fortgeschrittenen Erwachsenenalter haben viele noch das Gefühl, keine Fehler machen zu dürfen und immer nur beste Leistung bringen zu müssen, um anerkannt zu werden. Fehler vor anderen zu machen ist für manche wie eine innere Katastrophe.

Die Ursache dafür liegt fast immer in der Kindheit, selbst wenn man sich oft kaum noch erinnern kann. Man durfte keine Fehler machen, sonst folgte Ablehnung. Das ist das Programm, das ist der innere Schalter. Es ist ein »Nein, wenn du dies machst, lieben wir dich nicht mehr«.

Ein Beispiel. Ein Vater schenkte seiner dreijährigen Tochter einen Malblock und Farbstifte. Das Kind freute sich und begann, damit einen Baum zu malen. Aus Sicht des Vaters sah das Bild einem Baum nicht einmal ähnlich. Also unterbrach er seine Tochter, um ihr zu zeigen, wie es besser geht. Er nahm die Stifte und zeichnete in kurzer Zeit einen schönen Baum. »So musst du es machen«, sagte er zu seiner Tochter. »Dann ist es ein richtiger Baum.« Das war der Moment, ab dem das Kind nie wieder Lust aufs Malen hatte.

Einem Kind das Gefühl zu geben, es wäre unzulänglich, geht ganz einfach, indem man ihm Ablehnung entgegenbringt, sobald es einen Fehler macht oder nicht folgt. Sobald es nicht so ist, wie man es will. Dann wird Ja und Nein ein Machtinstrument. Später im Leben wird das Kind es dann genauso empfinden. Es wird den Jas der anderen hinterherlaufen und sich vor den Neins der anderen fürchten. Ja und Nein wurden wie Liebe oder Nichtliebe benutzt. Ja, wenn du so bist, liebe ich dich. Nein, so liebe ich dich nicht.

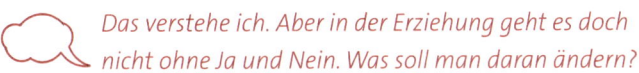

Das verstehe ich. Aber in der Erziehung geht es doch nicht ohne Ja und Nein. Was soll man daran ändern?

Natürlich braucht man das Ja und Nein für das Lernen von Regeln. Und nur dafür. Als Wegweiser. Nicht als Liebeszustimmung oder Liebesentzug.

Das Ja zur Anwesenheit des Kindes an diesem Ort

Ganz gleich, wie die Situation gerade ist, völlig egal, welchen scheinbaren Fehler das Kind gerade machte, es darf in diesem Moment genau so hier anwesend sein, wie es ist. Dieses Ja wird es nie mehr verlieren, selbst dann nicht, wenn es die Dinge anders tut, als man es will. Das Ja zum Recht, hier zu sein, können Sie, wie bei jedem anderen Menschen, immer sicher geben.

Das Ja zur Situation in der Kindheit

Eine Situation läuft manchmal anders ab, als man es sich gewünscht hat. Nun kann man denken: Das hier lief alles völlig falsch ab, und daran trägt jemand Schuld. Vielleicht denkt man: *Ich als Elternteil habe eine Schuld, ich hätte besser aufpassen müssen. Ich hätte mehr wissen müssen. Ich hätte die Regeln besser durchsetzen müssen. Ich hätte mein Nein viel deutlicher sagen müssen. Das ist meine Schuld. Aber da ist auch Schuld beim Kind. Wie oft habe ich es gesagt, es wollte ja nicht hören.* Dann ist man in dem ewigen Laufrad von Schuld und Fehler gefangen und nimmt das Kind noch mit hinein. Oder, anderes herum, denkt man manchmal heute noch, die eigenen Eltern hätten Schuld daran, wie es einem geht. Zig Jahre zurück haben sie sich so verhalten, wie sie es damals nicht besser konnten, wollten oder wussten. Und noch heute vergibt ein Mensch Schuld in diese alte, nicht mehr reale Vergangenheit hinein. Noch heute findet unablässig ein inneres Nein statt, das einen gefangen hält.

Das Ja zur Situation an sich ist frei von Schuld und Fehlern. Ja, genau so war es. Und nun lernen wir und machen es vielleicht beim nächsten Mal anders. Wem hilft der Gedanke von Schuld? Was verbessert er hier und jetzt? Und was genau soll das bedeuten: ein Fehler? Vielleicht gibt es das in der Natur und im Universum gar nicht. Vielleicht existiert diese seltsame Einstufung von Ereignissen und Situationen nur im Kopf von Menschen.

Das ist der Weg zur Lösung von den eigenen inneren Zwängen, in Schuld und Fehlern zu denken und darunter zu leiden: Es sind nur Situationen. Sie finden statt. Man lernt. Nicht mehr.

Für mich ist das eine große Entlastung. Ich spüre, dass es ein Entwicklungsweg ist, es so zu betrachten. Ich weiß nur nicht, ob meine Eltern oder andere das auch so sehen.

Das Ja zum Selbst und die Kindheit

Die Sichtweisen und Meinungen von Eltern oder anderen spielen keine Rolle, wenn man in sich selbst etwas erkennt. Das ist das Geschenk an der Arbeit mit dem inneren Ja: Man braucht niemanden dazu. Man ist nicht abhängig von Zustimmung oder Ablehnung. Niemand anderes muss es verstehen oder gut finden. Man kann es ganz mit sich selbst machen.

Ich weiß, dass Ablehnung dem Kind schadet. Aber ich fühle mich oft so sehr unter Druck, dass ich es nicht schaffe, bewusst und klar zu reagieren. Was soll ich tun, wenn mein Kind mich gerade an meine Grenzen bringt? Wie soll ich diesen Moment nicht ablehnen, obwohl ich es in Wahrheit ablehne?

Man kann das Auftauchen der Emotionen eines Augenblicks nicht verhindern. Es sind einfach die Emotionen, die gerade ablaufen. In einem selbst und im Kind. Man kann nur darauf achten, was die Emotionen machen. Der Schlüssel liegt darin, sich bewusst zu werden, was gerade geschieht. Dann können die alten Muster nicht mehr unbewusst tun, was sie schon immer machten. Das Wissen darüber, was geschieht, wird von selbst für die Veränderung sorgen. Schritt für Schritt. Im Licht der Bewusstheit kann die Unbewusstheit auf Dauer nicht überleben.

Das verstehe ich, aber manchmal wünsche ich mir, dass es etwas Konkretes gibt, was ich tun kann.

Lehnen Sie die Situation nicht ab. Vielleicht beginnen Sie Ihren Erziehungsmoment öfters einmal mit einem Ja. Einem Satz ohne Ablehnung. Und erst dann korrigieren Sie ein Verhalten oder geben eine Anweisung.

Vielleicht sagen Sie zum Kind: »Ja, das willst du. Und das verstehe ich. Wollen darfst du es. Aber es gibt nicht immer alles gleich, so wie du es willst. Ich zeige dir Regeln, wie es geht und wie es nicht geht.«

Oder das Kind macht einen Fehler, und Sie wollen es aber nicht mit Fehlern weitermachen lassen. Sie könnten stattdessen fragen: »Wie hast du denn das gemacht? Wolltest du das so?« Und dann könnten Sie fragen: »Willst du es noch einmal versuchen? Allein? Oder möchtest du, dass ich es dir zeige?« Bei kleinen Fehlern fällt das leicht, da kann man gut üben. Später, wenn das Kind größer wird, werden größere Fehler folgen. Vielleicht Fehler, die Geld kosten oder viel Mühe erzeugen. Dann ist die vorher geübte Klarheit und Bewusstheit besonders gefordert. Wenn es so geht und die Situation es zulässt, haben Sie auf diese Weise für alle eine Übung in gegenseitiger Milde.

Ja!

»Wenn man eine Situation ohne die Worte ›Schuld‹ und ›Fehler‹ betrachtet, bleibt einfach nur die Situation. Dann ist da kein Angriff, und es braucht keine Verteidigung. Dann beginnt das wirkliche gemeinsame Lernen und Wachsen.«

DIE BEREICHE IHRES LEBENS

Ja!

in der Gesundheit

Dass Körper, Verstand und Seele nicht voneinander unabhängig sind, wird auch im Bewusstsein der traditionellen Wissenschaften immer präsenter. Die innere Haltung zur eigenen Gesundheit oder zu einer Krankheit erzeugt eine Wirkung auf den Körper. Der Zustand des Körpers wiederum erzeugt Gefühle. Diese Gefühle bestimmen, wie man sich selbst und den Körper erlebt. Und wie man sich selbst wahrnimmt, bestimmt zum Teil mit, wie das Leben auf einen reagiert.

Wenn Sie eine kleine Krankheit haben, wie etwa eine Erkältung, können Sie sich vielleicht selbst motivieren, mit dem Gedanken, dass es bald vorbei sein wird und dass es Schlimmeres gibt.

Wenn Sie eine schwere Krankheit oder eine dauerhafte Krankheit haben, fällt das nicht so leicht. Bei einer lebensbedrohlichen Diagnose sagt man nicht einfach Ja. Da sagt man intuitiv Nein. »Nein, das darf nicht sein. Nein, so etwas will ich nicht. Ich muss positiv denken, das hilft meinem Körper gesund zu werden. Nein, ich darf jetzt den Mut nicht verlieren.« Viele Menschen denken auch: »Ich darf auf keinen Fall zu viel an diese Krankheit denken, sonst wird es mehr. Aber ich schaffe es nicht, nicht daran zu denken. Ich schaffe es nicht, keine Angst zu haben.«

Das müssen Sie auch nicht. Ihre Chance für ein inneres Ja liegt darin, diese Krankheit nur als gerade anwesend zu erkennen. Das bedeutet nicht, sie gutzuheißen. Es bedeutet nicht, sie zu begrüßen. Es bedeutet nur, nicht gegen den Teil in sich selbst anzukämpfen, der vor der Krankheit Angst hat und nun viel Aufwand betreibt, um wegzusehen. So geht keine zusätzliche Energie in einem inneren Konflikt verloren.

Das Ja und die Anwesenheit von Gesundheit und Krankheit

Das verstehe ich noch nicht ganz. Wie soll ich nun am besten mit einer Krankheit umgehen?

»Ja, da ist eine Krankheit. Und ja, das macht mir vielleicht Angst. Das will ich nicht haben. Das ist die Wahrheit in diesem Moment. Es wäre unwahr zu sagen, dass ich das ganz leicht hinbekomme, dass ich auf Dauer nur positiv darüber denken kann. Es ist nichts Schönes daran, eine Krankheit zu haben. Das einzig Schöne, was ich in diesem Moment tun kann, ist, nicht auch noch mich selbst und die Situation abzulehnen.«

Viele Menschen würden eine Krankheit am liebsten allein dem Arzt überlassen oder einem Medikament. Sie wollen nichts wissen, bis es vorüber ist. Bitte ein Medikament und dann ist alles wieder wie zuvor.

Wenn das klappt, ist es gut. Doch wenn etwas Größeres anwesend ist, dann hilft die Auflösung des inneren Selbstablehnungskampfes dabei, keine wertvolle Energie mit Selbstvorwürfen oder Vorwürfen gegen das Leben zu verschwenden. Und nur darum geht es hier.

»Ja, da ist im Moment diese Krankheit, und nun werde ich alles tun, um meinen Körper bei der Gesundung zu unterstützen. Ja, ich werde hinsehen, wie es kommen konnte. Ja, ich werde etwas verändern, auch wenn es vielleicht mit Mühe verbunden ist. Das ist mein Weg zu mehr Gesundheit, und ich nehme ihn an.«

Falls Sie das nicht in sich finden können, müssen Sie sich kein zwanghaftes Ja-Denken herbeiprogrammieren. Das geht nicht wirklich, und es wirkt auch wenig. Wo Sie etwas nicht möchten, ist das nun einmal so. Dann geben Sie dieser Tatsache, dass Sie es gerade ablehnen, ein Ja.

»Ja, in mir ist Angst, und ich will diese Krankheit nicht. Das ist die Wahrheit in diesem Moment.«

Damit nehmen Sie Ihre Realität wieder an.

Das Ja und die Situation des Körpers

Die meisten Menschen beschäftigen sich erst dann innerlich mit dem Thema Krankheit und Gesundheit, wenn eine Krankheit kommt. Den Zustand von Gesundheit beachtet das Unterbewusstsein kaum, weil er keine Probleme erzeugt. Gesundheit, das ist das Normale. Das Alltägliche. Daran kann man sich schnell gewöhnen. Hier liegt eine große Chance für das Umlegen des inneren Schalters. Gesund zu sein oder weitgehend gesund zu sein ist nicht einfach das Normale, es ist ein wirklich großes Geschenk, das man jeden Tag aufs Neue erhält.

Wenn Sie gesund sind und dieser Situation jeden Tag ein Ja geben, erkennen Sie dieses Geschenk für Ihr Leben achtungsvoll an. Das ist eine reine Form von Dankbarkeit dafür, nicht krank zu sein. Ihr Ja zu jedem gesunden Tag ist ein Ja zu sich selbst und dem zur Verfügung gestellten Leben. Das ist Ihr erstes grundlegendes Ja zu diesem Thema.

Wenn eine Krankheit länger dauert oder häufiger auftaucht, verbraucht der Körper viel Energie für die Gesund-werdung. Für die Alltagsaufgaben ist er dann weniger stark als in gesundem Zustand. Das kann von einem selbst und später auch von der Umgebung als Schwäche angesehen wer-den, was sowohl unfair als auch unsinnig ist. Und dennoch geschieht es.

Falls das abläuft, nützt ein Kampf dagegen wenig, weil er nur der Gegenseite Energie gibt. Dann verurteilt man sich auch noch selbst dafür, dass der eigene Körper gerade nicht gesund ist.

Es ist normal, schwach und nicht leistungsfähig zu sein, wenn der Körper sich gerade mit dem Gesundwerden be-schäftigt. Dem gibt man sein Ja. »Ja, ich werde gerade ge-sund, und währenddessen ist dieser Körper nicht leistungs-fähig. Das ist in Ordnung.«

Ja!

»Jedes einzelne kleine Ja zum eigenen Leben
ist reine gelebte Dankbarkeit an jene höchste Stelle,
die dieses Leben ermöglicht.«

Krankheit, Gesundheit und das Selbst

Jede neue Lebenssituation wirkt sich auf das Selbstgefühl aus. Wenn eine Krankheit in einem anwesend ist, wird man sich nicht so fühlen, wie wenn man gesund ist. Man bekommt eine andere Selbstwahrnehmung. Man fühlt sich vielleicht schwach oder gerade unnütz. Man hat vielleicht Angst, dass das Kranksein sich auf den Beruf oder auf die Partnerschaft auswirken könnte. Kranksein bedeutet für das Unterbewusstsein, einen großen Nachteil im Umfeld von Gesunden zu haben. Deshalb lehnt das Unterbewusstsein Kranksein manchmal so sehr ab, dass dem Körper nicht einmal genügend Ruhe zum Gesundwerden zugestanden wird.

Eine Krankheit braucht bis zur Gesundung jedoch genau die Zeit, die sie braucht, und nicht die Zeit, die man gerne hätte. Sie hat den Verlauf, den sie hat, und nicht den, den man haben will. Hier kann man Annahme üben. Hier kann man ein inneres Nein zu einem Ja transformieren.

Eine besondere Situation

In manchen Fällen birgt eine Krankheit das Risiko der Identifikation mit der Krankheit. Das Unterbewusstsein erkennt: »Seit ich krank bin, bin ich für andere wichtiger als zu der Zeit, zu der ich gesund war. Da sind Ärzte und Freunde und die Familie, die sich um mich sorgen. Da ist eine Versicherung, die für mich Geld ausgibt. Sogar ich selbst sorge mich um mich. Alle wollen, dass es mir wieder gut geht. Das ist neu, und irgendwie ist daran etwas Schönes. Als ich noch gesund war, haben sich nur wenige um mich gesorgt.«

Dieser Mechanismus ist für den Weg zur Gesundheit fatal, denn das Unterbewusstsein möchte die Krankheit nicht verlieren.

Hier geschieht das, was man eine »Verhaftung des Egos mit einer Situation« nennt. Die Situation wird zum Teil des Ich-Gefühls. Das Ich-Gefühl mit der Krankheit scheint besser zu sein als das Ich-Gefühl vor der Erkrankung.

Hier ist die Erkenntnis, dass es so ist, der erste große Schritt für die Transformation. »Ja, genau das läuft im Unterbewusstsein beim anderen oder bei mir. Und ja, ich habe es bisher nicht gesehen.«

Erst von diesem Startpunkt der Annahme heraus kann in einem Betroffenen die Veränderung beginnen. Erst wenn gesehen wird, was loszulassen ist, kann es auch losgelassen werden.

Der unbewusste Teil des Verstandes will den vorteilhaften Zustand des Umsorgtseins oft dennoch nicht sofort aufgeben. Dann sieht man sich die einzelnen Bausteine an, die das Gebilde »Ich und meine Krankheit« aufrechterhalten.

»Ja, ich will geliebt und vielleicht auch ein wenig umsorgt werden. Das ist die Wahrheit. Und wenn ich krank bin, erlebe ich dies mehr, als wenn ich gesund bin. Ich werde wegen meiner Krankheit umsorgt.«

Und nun findet eine Prüfung statt: Was wird da von anderen in Wahrheit umsorgt? Wirklich ich selbst? Warum nur jetzt und nicht schon vorher? Wird von den anderen vielleicht vor allem die Krankheit umsorgt, damit bald jeder wieder seinen Frieden bekommt?

Das löst etwas in mir aus, und gleichzeitig weiß ich nicht, wie ich das einordnen soll. Ist es vielleicht immer so, dass nur ein Leid umsorgt wird und nicht ich selbst?

Genau so ist es. Umsorgt werden kann immer nur ein Mangel oder ein eingebildeter Mangel. Wie soll man sich sorgen, wo Fülle, Gesundheit und Glück herrschen? Das ist nicht möglich. Es braucht immer ein Leid, damit man sich selbst oder ein anderer sich Sorgen machen kann. Ein Teil dieses Sich-Sorgen-Machens besteht aus innerlicher und äußerlicher Zuwendung. Deshalb wird es manchmal sogar mit Liebe verwechselt.

Viele Mütter sorgen sich gerne um ihre bereits lange erwachsenen Kinder, obwohl gar kein Grund zur Sorge da ist. Hier hat das Unterbewusstsein die Sorge um jemanden mit der Liebe zu jemandem gleichgesetzt. Dieses Sorgen kann so weit gehen, dass Probleme erfunden werden, falls keine da sind. »Klar, gerade ist alles in Ordnung, aber das bedeutet gar nichts, denn es könnte ja bald etwas passieren. Also pass gut auf dich auf.« Selbst ein Schnupfen kann so zum Anlass größter Sorge werden.

Und wenn dennoch nichts passiert, kann sich der Spieß umdrehen. Dann macht man sich einfach selbst zu einem Problem. Wenn es daraufhin beispielsweise dem Kind weniger gut geht, weil es sich Sorgen um die Mutter macht, kann sich die Mutter gleich noch mehr Sorgen um ihr Kind machen. So wird das unsinnige Sorgenlaufrad immer weiter am Drehen gehalten. Und alles nur, weil Liebe mit Sorge verwechselt ist. Dabei bedeutet die Aufbürdung von unsinnigen Sorgen für die Liebe in Wahrheit nur eine erdrückende Last.

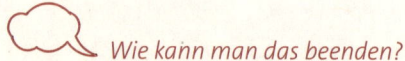 *Wie kann man das beenden?*

Im Fall einer Mutter oder eines Vaters nur schwer, denn es ist deren Programm. Es kann nur dort transformiert werden und nur, wenn die betreffende Person das überhaupt will. Das Kind ist Teil des Programms, deshalb ist das Kind kein besonders gut geeigneter Therapeut. Diesem Sorgenprogramm mit Ablehnung zu begegnen ist auch nicht die Lösung, denn dann wird es noch stärker. Oder es schlägt ebenfalls in Ablehnung oder Wut um. Das unbewusste Sorgenprogramm ist außerordentlich stabil, und jeder Einmischungsversuch macht es nicht schwächer.

Der beste Weg ist, auch hier ein Ja zur Anwesenheit zu geben. »Ja, so ist es, weil das ein Mutterprogramm ist. Daran ist alles richtig. Es ist nicht mein Programm, und es hat mit mir persönlich gar nichts zu tun. Es würde bei einem anderen Kind genau auf dieselbe Weise ablaufen.«

So erzeugt es in einem selbst keine Ablehnung und keinen Widerstand mehr. In vielen Fällen kann sich so ohne die übliche Gegenwehr sogar beim Sich-Sorgenden von selbst etwas verändern.

Krankheit und das Ja zum Selbst

 *Das Ja zu einer Krankheit scheint mir ein schweres Thema zu sein, weil es an Krankheit nicht viel Positives gibt.*

So ist es. Dazu kommt die Tatsache, dass ein natürlicher Mechanismus abläuft. Wenn ein Teil des Körpers, wie zum Beispiel ein Organ, krank ist und man davon erfährt, geschieht eine automatische Reaktion des Unterbewusstseins. Sie lautet: »Nicht gut! Das will ich nicht.«

Für das betroffene Organ bedeutet das, dass es Ablehnung erfährt, weil es gerade krank ist. Natürlich will man die Krankheit nicht, doch gleichzeitig lehnt man vielleicht ungewollt einen Teil von sich selbst mit ab. Hier kann man genauer hinsehen. Geben Sie dem oder den betroffenen Teilen Ihres Körpers ein vollkommenes Ja. Grenzen Sie ihn nicht aus, indem Sie sagen: Nein, so will ich dich nicht.

Dass ich die Krankheit nicht will, bleibt aber dennoch in mir erhalten.

Ja, doch nun lehnt man den betroffenen Teil von sich selbst nicht ab. Nun nimmt man sich wieder an und hat mehr innere Kraft für den Weg zur Gesundheit. Das Ja gilt nicht der Krankheit. Das Ja ist die Annahme und Liebe zu dem betroffenen Teil von sich selbst.

Das Unterbewusstsein hat einen weiteren Urmechanismus, der in extremen Situationen das Überleben sichern soll.

Wenn eine Verletzung auftritt oder wenn kontinuierlich ein Schaden voranschreitet, und wenn der Schmerz dabei nicht abgestellt werden kann, dann wird der betreffende Bereich möglichst aus dem Bewusstsein abgekapselt. Er wird sozusagen vom Rest der Körperwahrnehmung ausgeschlossen und stillgelegt. Wie eine Form von natürlicher Betäubung.

Das kann zum Beispiel bei manchen chronischen Krankheiten so sein. Man hat sich schon so sehr an den schlechten Zustand gewöhnt und daran, ihn nicht beseitigen zu können, dass man es kaum noch bemerkt.

Schließen Sie einen kranken Teil von sich nicht aus. Nehmen Sie ihn stattdessen ganz besonders und aktiv an. Geben Sie dem Organ oder Körperteil ein Ja. Nehmen Sie es wieder in Ihren Organismus auf. Es darf da sein, auch wenn es gerade krank ist.

Und von diesem Punkt der vollkommenen Annahme aus können Sie eine Gesundwerdung unterstützen, ohne dass Ablehnung in Ihnen anwesend ist.

Ja!

»Jede scheinbare Störung im Leben kann große Geschenke enthalten. Sie kann zu neuer Klarheit führen. Sie kann Bewegung veranlassen. Sie kann Annahme lehren. All dem kann man ein Ja geben. Und dann ist es keine Störung mehr, gegen die man kämpfen muss.«

DIE BEREICHE IHRES LEBENS

Ja!

zum eigenen Leben

Manchmal scheint das ganze Leben festzustecken. Oder es kommt eine Last nach der anderen, ein Leid nach dem anderen. Dann fällt es nicht leicht, innerlich ein Ja zu finden oder ein einmal gefundenes Ja zu behalten. Das Leben kann manchmal so werden, dass man es auf diese Art einfach nicht haben will. Dann hilft es oft auch nichts, sich ein Detail in der Beziehung oder im Beruf anzusehen und dort die Neins zu transformieren, denn ein Teil des Unterbewussten lehnt die Lebenssituation in ihrer Gesamtheit ab. Dieser Teil sagt: An einem Leben, das so ist, wie es gerade ist, gibt es wirklich nichts Erstrebenswertes mehr.

Und auch hier gibt es wieder die drei Fragen nach dem Ja zum Ort, nach dem Ja zu der Situation und nach dem Ja zu sich selbst, die eine Transformation im Bewusstsein einleiten.

Das Ja zum Ort des eigenen Lebens

Der unbewusste Teil des Verstandes lehnt in schwierigen Situationen als Erstes gerne den ganzen Ort ab. Er möchte flüchten, an einen besseren, schöneren, sichereren Platz. Wenn das nicht geht, erzeugt das negative Gefühle, die bis hin zu grundloser Nervosität oder Panik gehen können.

Sehen Sie sich um, an dem Ort, den das Leben Ihnen gerade anbietet. Vielleicht ist es Ihre Wohnung oder das Haus, in dem Sie leben dürfen. Nehmen Sie Schritt für Schritt wahr, was das Leben Ihnen gerade zur Verfügung stellt. In Ihrer Wahrnehmung der Details liegt der Schlüssel zur Auflösung einer größeren Ablehnung.

ÜBUNG
Eine Meditation für das Ja zum Leben

Jeden Morgen wachen Sie auf und nehmen etwas wahr. Sie liegen in einem Bett, in einem Zimmer mit Möbeln und Gegenständen. Das ist es, was Sie am Morgen in diesem Leben begrüßt. Das sind die Lebensumstände, die Ihnen für den heutigen Tag geliehen werden. Sie wissen nicht, ob Sie morgen wieder aufwachen werden und all diese Dinge um sich herum begrüßen können.

Doch jetzt, an diesem Morgen, das können Sie bedingungslos anerkennen, ist die Umgebung, die Sie beim ersten Augenaufschlag erblicken, genau das, was Ihr Leben Ihnen zur Verfügung stellt.

Und das ist viel, denn Sie haben alles, was Sie in diesem Moment des Aufwachens und für Ihren Tagesbeginn brauchen. Und noch mehr darüber hinaus.

Können Sie dem, was Sie in diesem Augenblick umgibt, ein bedingungsloses Ja geben? Ein Ja, in dem eine Strömung von Dankbarkeit enthalten ist, weil alles auch ganz anders sein könnte? Sie stehen auf, gehen in Ihr Bad, duschen und erleben, dass warmes und sauberes Wasser aus der Leitung läuft. Das ist nicht normal. Es ist ein großes Geschenk, und Sie können es annehmen und ihm ein Ja geben.

Nach dem Bad gehen Sie an Ihren Schrank, öffnen ihn und stellen fest, dass darin Kleidung wartet. Mehr als Sie brauchen. Das ist nicht normal. Sie haben großes Glück.

Im Kühlschrank in Ihrer Küche befindet sich etwas zu essen.

Es mag nicht viel sein, aber es ist da. Ebenso wie Ihr Morgenkaffee oder Ihr Morgentee. Das ist keineswegs normal. Vielleicht stellen Sie fest, dass Sie sich seit dem Aufstehen schon ziemlich viel in Ihrer Wohnung hin und her bewegt haben. Es ist ein großes Glück, körperlich dazu in der Lage zu sein. Es könnte auch alles ganz anders sein.

Am Abend liegen Sie in Ihrem Bett und warten darauf, dass Ihr Körper warm und entspannt genug wird, um einzuschlafen. Auch hier könnte alles ganz anders sein.

Vielleicht denken Sie an den Tag zurück und daran, über was Sie sich alles geärgert haben.

Auch die Dinge und die Menschen, über die Sie sich geärgert haben, stellen eine Tatsache dar, der Sie Ihr bedingungsloses Ja geben können. Es ist die Tatsache, dass Sie aktiv am Leben teilnehmen. Mal ist es so und mal ist es anders. Und Sie dürfen jeden Tag hinausgehen und es erforschen. Dem können Sie ein bedingungsloses Ja geben. Denn es könnte auch ganz anders laufen.

Der Lebensort ist der Ort, an dem Sie sich viele Stunden am Tag aufhalten. Diesen Lebensort an sich zu verurteilen ändert an dem Ort selbst überhaupt nichts. Ob man ihm ein Nein entgegenschleudert, beeindruckt ihn nicht. Es beeindruckt nur das eigene Innere, weil es mit dem Nein einen Kampf gegen den Ort ausübt. Doch diesen Kampf kann keiner gewinnen, denn er findet in einem selbst statt. Gegen sich selbst kann man nie gewinnen. Sich selbst kann man nur annehmen.

Den Ort anzunehmen, an dem man sich gerade befindet, erschafft einen sehr kraftvollen Startpunkt für eine Veränderung. Nun geht die Energie nicht mehr durch die Ablehnung des Ortes verloren. Sie kann in die Transformation zum Neuen fließen.

Das Ja zu der Lebenssituation

Wenn am Ort selbst nichts auszusetzen ist, steht das Unterbewusstsein vielleicht noch immer vor der Aufgabe, die unschönen Gefühle zu beseitigen. Der Ort ist es also nicht. Dann muss es die Lebenssituation an sich sein. Das, was gerade im Leben generell abläuft.

Ich verstehe das, ich habe meine Wohnung und meine Dinge, und das ist in Ordnung. Aber das Leben fühlt sich dennoch oft nicht gut an. Da sind eben auch Probleme.

Vielleicht sind viele davon nicht wirklich Probleme. Vielleicht sind es nur Lebensumstände, und Sie möchten mehr erreichen und haben Ziele. Das ist kein Problem. Es ist wunderbar und richtig. Doch wenn Sie nicht einmal das, was Sie in diesem Moment haben, voll und ganz annehmen, wie soll dann mehr kommen? Wenn Ablehnung in Ihnen ist, wie soll diese Ablehnung für mehr Fülle sorgen? Die Ablehnung, das ist das Alte. Das Hadern mit dem Leben ist ein altes Muster. Die Jas zu finden in dem, was gerade da ist, ist das Neue. Und dieses Neue ist der Beginn der Veränderung. Wenn Sie

Ihren Lebensumständen in diesem Moment Ihr ganzes Ja geben, verschwindet der Kampf gegen das Leben.

Was sind die Lebensumstände? Ist das nicht auch der Ort? Ich verstehe den Unterschied nicht.

Wenn jemand in einer lauten Wohnung lebt und sich darüber ärgert, lehnt er unbewusst zwei Dinge ab: die Tatsache, dass er eine Wohnung hat. Und die Tatsache, dass es laut ist. *Ich will nicht in dieser lauten Wohnung sein.* Das Unterbewusstsein kann die Ablehnung in sich selbst nicht feiner unterscheiden. Es verurteilt das Geschenk, überhaupt eine Wohnung zu haben, gleich mit, nur weil die Tatsache, dass es laut ist, Stress erzeugt. Das Unterbewusstsein erkennt nicht die Chancen für eine Dankbarkeit dem Leben gegenüber. Das kann nur Ihr waches Bewusstsein. Da ist eine Wohnung. *Ja. Danke.* Sie ist warm. *Danke.* Da ist Wasser und ein Bett und etwas zu essen. *Ja! Danke!* Das ist das bewusste Ja zum Ort.

Und erst jetzt kommt ein Konflikt: Es ist laut. Das ist die leidvolle Situation an diesem Ort. Das will man nicht. Und dennoch kann man Ja sagen, weil es einfach nur die Wahrheit ist. Ja, hier ist es laut.

In Indien und anderen asiatischen Ländern leben sehr viele Menschen unter äußerst stressvollen Situationen. Oft ist das gesamte Lebensumfeld laut und schmutzig und feucht und nicht immer mit gutem Wasser und Essen versorgt. Es ist weitaus schlimmer als das meiste, was westliche Menschen in ihrem Leben beklagen. Und dennoch lehnen die Betroffenen es nicht unablässig ab. Sie zelebrieren sogar ihre Formen von

Religion und Dankbarkeit am Straßenrand, zwischen all dem Lärm und Unrat. Das ist eines der Geheimnisse, das westliche Reisende an östlichen oder manchen südländischen Kulturen so fasziniert. Da ist weniger Ablehnung.

Das Leid in einem selbst entsteht, wenn man ein ganzes Gesamtpaket aus dem Leben ablehnt, obwohl vielleicht nur die Geschenkschleife falsch gebunden ist. Das ist es, was wirklich wehtut: all das Gute im Leben abzulehnen, nur weil ein Einzelteil gerade schlecht erscheint.

Etwas scheinbar Ungenügendes ist keine Strafe. Es ist einfach nur anwesend. Vielleicht steckt sogar ein großes Geschenk in dem Ungenügenden. Vielleicht lehrt es einen etwas. Vielleicht sorgt es für eine Klarheit darüber, was man künftig will. Oder es lehrt einen, wie man etwas annehmen kann. Oder es stört einen so sehr, dass man irgendwann in Bewegung kommt. Eine Bewegung, die ansonsten nicht eingeleitet worden wäre.

Ja!

»Jedes Ja ist ein Stück Liebe.«

Das Ja zu sich selbst im eigenen Leben

Manchem Verstand gelingt es tatsächlich, immer genau das abzulehnen, was das Leben einem gerade anbietet. Und immer das haben zu wollen, was das Leben in diesem Moment gerade nicht anbietet. Auf diese Weise bleibt immer der Notstand erhalten, der einem sagt: Nicht gut. Nicht gut genug. Es muss mehr sein. Es muss das andere sein.

Was immer gerade da ist, es ist ganz sicher nicht das Richtige. Woher kommt diese Grundhaltung?

Es ist das Grundwesen der Polarität. Wo auch immer man gerade ist, es ist selten der Ort des perfekten Gleichgewichts. Für einen Zeitraum mag man das vielleicht so empfinden. Da sitzt man endlich an dem Strand unter der Palme und spürt das Gleichgewicht. So stimmt es. Doch würde man zwei Monate unter derselben Palme sitzen müssen, wäre es nicht mehr perfekt. Da müsste etwas anderes her, damit es wieder stimmt.

Zu denken, das Leben wäre nicht perfekt, ist der normale Zustand des unbewussten Verstandes. Zu denken, ein Ort oder ein Mensch oder eine Situation oder man selbst wäre nicht perfekt, ist ein automatischer Ablauf. Ein innerer Schalter, der ohne Zutun seine Position einnimmt.

Ihr bewusstes Ja zu Ihrem Leben in seiner ganzen Ausprägung legt diesen Schalter von *Blockieren* auf *Durchfluss* um.

Dieses Ja zum eigenen Leben fällt vielen schwer, weil es ein Ja zu einem selbst bedeutet. Wie in der Selbstliebe hat der Verstand das Problem, sich vorzustellen, dass ein Mangelgefühl nicht im Außen beseitigt werden muss. Dass es nur aufgelöst werden kann, indem man Ja zu sich selbst sagt, so wie man ist. Der Verstand kann nicht erkennen, dass ein Ablehnungsgefühl ganz einfach verschwindet, wenn man dem, was gerade da ist, ein grundsätzliches Ja gibt.

Ja, nichts ist falsch an dieser Welt. Nichts ist falsch an diesem Leben. Nichts ist falsch an mir selbst als Mensch in diesem Leben. Das wäre das Neue.

Die innere Entscheidung für das Neue

Wenn Sie Stabilität und Sicherheit anstreben, ist das normal. Es ist ein Wunsch, dem Sie Ihr Ja geben können. Wenn Sie vom Leben Stabilität erwarten, ist das hingegen eine Illusion, die früher oder später zerplatzen wird. Das Leben interessiert sich nicht für Stabilität und Zukunftssicherheit. Es hat eine Grundeigenschaft, die Sie niemals wegbekommen werden: Es bewegt sich voran. Hier liegt die Chance für Ihr grundlegendes Ja. In der Hingabe an die Veränderung. Selbst wenn Sie das Gefühl haben, alles würde feststecken, so bewegt sich doch ständig alles. Es mag sein, dass es sich gerade nicht so bewegt, wie Sie es wollen. Aber es bewegt sich. Und wenn es nur die eigene Bewegung Ihres Körpers ist oder das Älterwerden. In der bedingungslosen Zustimmung zu der Tatsache, dass ständig Neues kommt, liegt die Möglichkeit eines grundlegenden Jas zu Ihrem Leben.

ÜBUNG
Das spontane Ja! auf etwas Neues

Diese Übung dient dazu, bereits jetzt den Weg zu bereiten, wie der innere Schalter auf eine bestimmte Situation im Leben wünschenswerterweise reagieren soll.

Wenn das Unterbewusstsein eine neue Situation auf sich zukommen sieht, prüft es sofort und automatisch, ob es gefährlich werden könnte. Neues und Unbekanntes sortiert es sicherheitshalber gerne in »potenziell gefährlich« ein. Das kann ein automatisches inneres Nein zu fast allem Neuem erzeugen. Ein Nein zum Weiterfluss des eigenen Lebens.

Der innere Schalter reagiert so lange automatisch, bis man seine Bewusstheit auf ihn richtet und ansieht, ob man seinen Entscheidungen zustimmt. Und auch dann läuft in einer kommenden Situation noch der Impuls ab: Das ist neu, lieber nicht. Oder: Lieber abwarten.

Sie können jetzt, in aller Ruhe, eine bewusste Weiche für diesen Schalter stellen. Beschließen Sie, wie Sie künftig grundsätzlich auf Neues reagieren werden.

Fragen Sie sich: Finde ich Neues im Leben gut? Gebe ich dem Neuen grundsätzlich erst einmal ein Ja, auch wenn es nicht das sein könnte, auf das ich hoffte, sondern etwas ganz Unerwartetes? Dies wäre Ihre Entscheidung hier und jetzt. Denn wenn das Neue auch wirklich auftaucht, werden Sie vielleicht nicht genügend Zeit und Bewusstheit haben, um den Schalter am Nein zu hindern.

Die Entscheidung, Ihrem Leben ein Ja zu geben, ist die Entscheidung, dem immer wieder Neuen und Unwägbaren ein Ja zu geben.

Sie können auch eine Kurzform der Entscheidung formulieren. Zum Beispiel: »Das ist neu. Interessant. Das will ich kennenlernen.«

Ja!

»Wenn Sie einen Zustand in der Welt ablehnen,
kämpfen Sie gegen das, was Sie gerade wahrnehmen.
Sie bekämpfen in Wahrheit Ihre eigenen Gedanken
über die Welt. Das ändert die Welt nicht. Stimmen Sie
der Welt als Erstes zu, so, wie sie ist. Und dann treffen
Sie kraftvoll Ihre Entscheidungen.«

KAPITEL 6

Ja!
Vier Erkenntnisse
für mehr Lebensqualität

Der Beginn des Neuen

Die Automatik Ihres inneren Schalters verändert sich mit Ihren Erkenntnissen. Es werden weniger Neins stattfinden. Ein Transformationsprozess wurde angestoßen. Die Weiterentwicklung auf einen höheren Zustand von Bewusstheit führt zu neuen Wahrnehmungen über das Leben.

Die erste Erkenntnis:
Ich muss gar nicht bewerten

Einige Erkenntnisse münden gar nicht in ein Ja oder Nein, sondern in das neue Bewusstsein, dass man in vielen Situationen weniger oder gar nichts tun oder sagen muss. Man darf einfach zusammen mit der Situation anwesend sein. Man darf still sein.

Oft wird man nach seiner Meinung zu einem Thema gefragt, ohne gefragt zu werden, ob man sich überhaupt für das Thema an sich interessiert. Und selbst wenn man sich für ein Thema interessiert, muss man noch lange keine Meinung dazu haben.

Ich habe bemerkt, dass ich mich manchmal als Außenseiter fühle, wenn ich nicht mitrede, weil es mich nicht interessiert. Oder weil ich nicht bewerten will.

Das kann geschehen, weil Kommunikation für die meisten Menschen aus dem Austausch ihrer Meinungen besteht. Viele haben noch nicht erwogen, dass Interesse, Wissen und eine Meinung haben nicht miteinander verbunden sein müssen. Man kann auch kommunizieren, um gemeinsam zu wachsen und etwas zu erforschen. Im indischen Yoga, der Suche nach der höchsten Wahrheit, nennt man diesen Weg das Jnana-Yoga. Es besteht aus Zuhören, aus der Verinnerlichung und aus der Meditation über das Wissen. Auch so kann Kommunikation stattfinden, ohne eine Bewertung des anderen oder des Gesagten.

Über möglichst vieles möglichst viele Informationen aufsagen zu können ist in unserer Gesellschaft mit Ansehen, Achtung und damit mit Akzeptanz verknüpft. Je mehr ich Bescheid weiß, desto mehr kann ich mitreden. Desto mehr bin ich ein Teil dieser oder jener Gruppe. Je mehr ich weiß und mitrede, desto weniger bin ich allein. Die Angst vor Einsamkeit und Ablehnung ist ein wichtiger Grund, warum das Ego möglichst viel bewertet und redet. In Wahrheit bringen Bewertungen viel weniger Vorteile, als der Verstand es sich wünscht. In vielen Situationen macht eine Bewertung das Leben sogar schwerer als zuvor.

Ich übe mich darin, weniger zu bewerten. Aber andere in meiner Umgebung tun das nicht. Und wenn eine solche Bewertung mich selbst trifft, lässt mich das nicht ruhig bleiben.

Unter Bewertung durch andere kann man leiden. Dieses Leid verringert sich, wenn man schon vorher eine grundsätzliche Entscheidung für sich getroffen hat.

Wenn jemand einen lobt und man gibt dem innerlich zu viel Bedeutung, wird man später auch dem Entzug von Lob viel Bedeutung geben. Man macht sich emotional abhängig von Lob oder Nichtlob. In Wahrheit spricht da nur jemand seine persönlichen Gedanken und Empfindungen aus, und diese sind das Ergebnis seiner Wünsche, Träume, Prägungen, Erfahrungen und Verletzungen. Dem kann man aufmerksam zuhören, weil man sieht, dass er nur seinem persönlichen Plan folgt. Wäre man nicht selbst gerade an diesem Ort, würde sehr wahrscheinlich eine ähnliche Szene mit einer anderen Person stattfinden.

Sehen Sie sich alte Menschen an, die in sich ruhen. Sie haben viele Erfahrungen gesammelt. Sie reagieren auf Lob oder Tadel meist deutlich weniger als junge Menschen. Warum? Weil sie einen Abstand dazu gewonnen haben. Das Leben hat ihnen gezeigt, dass Lob und Tadel im Laufe der Zeit wechseln wie das Wetter. Und auf das Wetter hat man auch keinen Einfluss.

Aber ich kann mir doch nicht einfach alles gefallen lassen? Wenn ein anderer mich bewertet und ich nichts sage, wird mir das als Schwäche ausgelegt. Das kann dann ein wirklicher Nachteil werden.

Es geht nicht darum, sich alles gefallen zu lassen und nie etwas zu sagen. Es geht darum, den anderen mit seiner Meinung und seinen Urteilen und Worten anwesend sein zu lassen. Das ist das Ja zu dessen gerade ablaufender Beurteilung. Man denkt dann vielleicht: »Aha, so denkt dieser Mensch. Fein.« Und sonst nichts.

Und dann bemerkt man die eigene Meinung, die vielleicht ganz anders ist, und dazu die eigenen Gefühle, die vielleicht mit Abwehr reagieren. Das ist die Situation in einem selbst. Und ihr gibt man sein ganzes Ja, in diesem Moment, in dem sie stattfindet.

Bis hierhin kann man sagen: Es läuft alles richtig. Da ist kein Fehler anwesend. Ich muss nicht kämpfen und nicht flüchten.

 *Und dann muss ich dennoch reagieren.*

Warum? Wenn jemand einen anderen negativ bewertet, muss das in Wahrheit nicht gleich eine Bedeutung haben, auf die man reagieren muss. Er spricht nur seinen persönlichen Gedanken in diesem Moment aus. Einen einzigen kurzen Gedankenblitz unter Milliarden anderer Gedanken, die auf dieser Erde in jeder Sekunde stattfinden und vergehen. Da erzeugt ein Mund ein paar Geräusche. Was hat das mit Ihnen zu tun? Zunächst einmal nichts.

- Sie erleben den Ort und geben ein Ja zu diesem Ort.
- Sie nehmen die Situation wahr, indem Sie die Töne aus einem Mund hören. Diesem Vorgang können Sie ein Ja geben. Ein solches Ja hat nichts damit zu tun, dass Sie dem Inhalt des Gesprochenen zustimmen würden. Sie hören einfach nur die Worte im Raum.

- Sie nehmen sich selbst wahr und was in Ihnen geschieht. Auch dagegen gibt es nichts zu sagen.

Bis hierhin haben Sie nicht gekämpft. Von diesem ruhigen Platz aus können Sie nun eine Antwort überlegen. Oder auch nicht. Ihr Handeln wird jetzt nicht bestimmt sein von Emotionen wie Stolz, Gegenwehr, Wut oder Ähnlichem.

Die zweite Erkenntnis:
Ich muss mich nicht ständig entscheiden

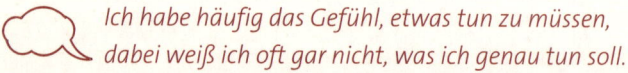
Ich habe häufig das Gefühl, etwas tun zu müssen, dabei weiß ich oft gar nicht, was ich genau tun soll.

Die ziellose innere Unruhe kann verschiedene Ursachen haben. Es kann eine kreative Kraft anwesend sein, die nach außen drängt. Dann geht es darum, ins Handeln zu kommen. Man kann Sport machen oder etwas Kreatives erschaffen, um ruhiger zu werden. Hier geht es im ersten Schritt nicht sofort darum, das Richtige zu finden, sondern überhaupt etwas zu tun. Die Energie in einem sucht einfach nach Bewegung.

Die innere Unruhe kann auch daher kommen, dass man glaubt, sich in einer Entscheidungssituation zu befinden und keine Entscheidung parat zu haben. Dann kann man prüfen, ob das überhaupt die Wahrheit ist. Man fragt sich: »Weiß ich wirklich sicher, dass gerade durch mich eine Entscheidung getroffen werden muss? Wäre nichts zu tun auch eine mögliche Entscheidung?« Wenn dies so ist, geben Sie der Entscheidung, dass Sie jetzt nichts tun, ein Ja. Dann kommt die Ruhe zurück.

Auch wenn ich das verstehe, hört damit dieses Gefühl von Unruhe nicht auf, das mich zwingen will, etwas zu verändern. Manchmal verändere ich dann einfach irgendetwas Sinnloses. Ich kaufe etwas, was ich nicht brauche. Oder es fängt ein Streit an.

Der Verstand kennt vor allem Lösungen, die im Handeln bestehen. Er ist darauf trainiert, sich für Aktivitäten zu entscheiden. Gehe ich Weg A oder gehe ich Weg B? Antworte ich lieber dieses oder lieber jenes? Komme ich, bleibe ich oder gehe ich?

Doch was immer auch gerade anstehen mag, es gibt meistens noch eine dritte Möglichkeit: Beobachte, was der Fluss macht.

Diese Möglichkeit ist für den normal geschulten Verstand so absurd, dass er nicht darauf kommt, sie als Wahlmöglichkeit zu sehen. Wieso sollte man beobachten, was der Fluss macht? Wo ist da der Sinn? Wie soll man da etwas zum Positiven bewegen?

Vielleicht bewegt sich der Fluss gerade sowieso zum Positiven, wenn man ihn einfach nur fließen lässt? Wenn man dem Fluss ein Ja gibt, so wie er gerade fließt.

Was wäre, wenn Sie sich gar nicht entscheiden müssten? Würde der Fluss Ihres Lebens aufhören, an Ihnen vorbeizufließen? Würde ein Nichtentscheiden das Leben anhalten? Können Sie sicher sein, dass durch ein Nichtentscheiden wirklich ein Nachteil entstehen wird?

Die Dritte Erkenntnis:
Ein Ja gegenüber einem anderen bedeutet nicht: »gut finden«, »nachgeben«, »aufgeben« oder »anpassen«. Es bedeutet einfach nur: »Ja!«

Wenn ich mich darin übe, die Kraft des Ja in mein Leben zu integrieren, rutscht mir im Gespräch manchmal ein Ja heraus, und ich bin mir nicht sicher, ob ich damit nicht wirke wie jemand, der allem zustimmt.

Ein Ja ist niemals ein Problem. Sie können einem anderen voll und ganz in seiner Meinung zustimmen und dennoch voll und ganz Ihre eigene Meinung darlegen. Darin liegt keinerlei Widerspruch. Sie stimmen nicht dem Wahrheitsgrad der Meinung zu, sondern der Anwesenheit des anderen und der Situation, dass er seine Meinung sagt. Es ist ein »Ja, ich verstehe dich«. Und dabei sieht man den anderen an und sagt auch innerlich Ja.

Angenommen jemand sagt: »Die Erde ist eine flache Scheibe, das ist bewiesen.« Dann muss man dazu keine Meinung haben. Vielleicht hat man selbst andere Informationen. Aber der andere glaubt nun einmal an seine Informationen, und das ist die Wahrheit in diesem Augenblick, der man ein Ja geben kann.

Interessant ist der Moment, wenn man erkennt, dass der andere überhaupt keine Frage hat, denn dann muss man ihm auch nichts entgegensetzen. Würde er hingegen sagen: »Ich habe gehört, die Erde sei eine flache Scheibe, aber ich bin mir nicht sicher. Was hältst du denn davon?« Dann fragt er nach Ihrem Wissen, und es kann wirklicher Austausch und

Wachstum stattfinden. Dann findet Ihre Meinung ein offenes Ohr.

Ja!

»Nur weil man es nicht gut findet, muss man es noch lange nicht ablehnen.«

Manchmal kann ich laute, selbstdarstellerische Menschen nur schwer ertragen. Ich würde am liebsten Nein rufen und weglaufen. Wie kann ich hier ein Ja in mir finden?

Viele Menschen äußern ihre Meinung nur deshalb so auffällig, weil sie sich danach sehnen, gesehen und gehört zu werden. Sie sagen das, was sie sagen, nicht, weil es einen besonderen Sinn macht oder weil sie etwas Wichtiges verändern oder in Gang setzen möchten. Sie sagen es auch nicht, weil sie ein Problem haben und um Rat bitten. Sie sagen es nur, weil sie sich so sehr einen kleinen Moment von Zuhören wünschen. Ein kleines Ja, das nur ihnen gilt.

Wenn Sie ein guter Zuhörer werden und dem anderen gegenüber ein inneres Ja aussprechen, kann das auch bedeuten: »Ja, ich sehe dich voll und ganz, und ich höre dich mit all meiner Aufmerksamkeit. Erzähle mir mehr von dir.«

Es ist Ihr Ja zum Hören, nicht zum sachlichen Inhalt. Was

macht schon der sachliche Inhalt aus, im Vergleich zu Ihrer Verbundenheit und Präsenz für den anderen? Den sachlichen Inhalt merkt sich ohnehin keiner. Schon morgen kann alles anders sein. Doch Ihre vollkommene Anwesenheit für einen Augenblick berührt den anderen im Herzen.

Viele laute Menschen haben in der Kindheit große Ablehnung durch ihre Eltern oder einen Elternteil erfahren. Als Kind suchten sie Liebe und mussten stattdessen darum kämpfen, überhaupt wahrgenommen zu werden. Oder still zu sein wurde ihnen vielleicht als Schwäche ausgelegt und sie wurden dafür abgelehnt.

Für diese Menschen ist es wie eine Heilung, wenn ihnen jemand eine Zeit der vollen Aufmerksamkeit entgegenbringt. Wenn keine Ablehnung oder Abwehr gegen sie arbeitet, müssen sie sich nicht mehr gegen Ablehnung und Abwehr behaupten. Vielleicht haben sie das noch nie zuvor erlebt.

Ja!

»Aufmerksam und ohne Ablehnung zuhören
ist Liebe.«

Ich kann aus meiner Erfahrung bestätigen, dass es wie eine Wohltat wirkt, wenn mir jemand gut zuhört. Wie kann ich mich selbst besser darauf einstellen?

Gutes Zuhören ist innerlich still werden. Nur so kann man gut hören.

- Geben Sie innerlich der Idee ein Ja, dass Sie selbst in diesem Gespräch vielleicht kaum etwas von sich in die Welt senden werden. Weil es um das Hören geht, nicht um das Senden.
- Die stillen Lücken dürfen da sein. Es muss nicht alle Zeit mit Worten aufgefüllt werden.
- Versuchen Sie, das Gehörte nicht ständig mit eigenen Erlebnissen zu vergleichen. Das lenkt nur ab und ist nicht die Aufgabe. Was Sie wahrnehmen, gehört dem anderen. Nur darum geht es.
- Achten Sie darauf, was dieses neue Zuhören mit Ihnen selbst macht. Vielleicht erleben Sie eine große Entspannung, wenn Sie selbst nicht die Aufgabe haben, etwas zu senden. Geben Sie dem Zuhören selbst immer wieder Ihr inneres Ja. Darin liegt ein großes Glück verborgen.
- Wenn Sie es sich ganz einfach merken möchten: Machen Sie sich selbst vollkommen unwichtig. Dann spürt der andere, dass nur er für Sie gerade wichtig ist.

Die vierte Erkenntnis:
Jedes Ja zu einer Situation oder zu einem Menschen kann noch tiefer gegeben werden

Wenn der Transformationsprozess zu einem Leben ohne inneren Widerstand in Gang gesetzt wurde, beginnt eine große Reise in eine neue Art zu leben. Es ist keine Technik, die man wieder loslässt, um sie irgendwann durch eine neue Technik zu ersetzen und später wieder durch eine neue. Das innere Ja ist der Weg zu einer essenziellen Wahrheit. Jedes einzelne gefundene Ja öffnet das Herz für die Welt, für die Menschen und für sich selbst. Jede Annahme ist ein Stück Liebe. Und die Liebe hat keine Grenzen.

In mancher Situation scheint man kein tieferes Ja mehr finden zu können. Doch es geht immer weiter, weil jedes Ja ein Stück Liebe ist. Nehmen wir das Beispiel einer Beziehung.

Die Gedanken können Ja sagen

Wenn man mit einem Menschen eine Partnerschaft haben möchte, gibt man dieser Idee ein Ja. Das ist klar. Auf die Frage: »Möchtest du eine Beziehung mit mir?« antwortet man dann vielleicht: »Ja, natürlich.« Das ist ein Ja, aber es ist noch nichts geschehen. Nicht in einem Selbst und nicht im Außen. Nur im Kopf ein Wort. Das ist der erste Schritt.

Die Gefühle können Ja sagen

Viele Menschen sagen zu etwas: »Ja, natürlich will ich das.« Gleichzeitig wollen einige Gefühle es jedoch nicht. Zum Beispiel aus Angst. Oder man möchte etwas haben, aber bestimmte Teile davon will man nicht haben.

Auf einen anderen Menschen und die Partnerschaft bezogen ist ein Ja erst dann vollständig, wenn die Gefühle ebenfalls ein Ja geben. Das ist die zweite Stufe. Wenn es in einem selbst nicht so ist, kann man auch vom anderen kaum mehr erwarten. Wie soll er auf einer Ebene ein tiefes Ja geben, wenn er dort keines vom Gegenüber spürt? Einer muss anfangen, und das ist man immer selbst.

Das Handeln kann Ja sagen

Die Gedanken und die Gefühle finden in einem selbst statt. Der andere kann das vielleicht spüren, aber nicht immer ist das so. Das Leben hat viele Menschen schon so oft enttäuscht, dass sie Worten und Gefühlen nicht mehr vertrauen. Zu einem Ja der Gedanken und Gefühle kommt nun das Ja, das sich im Handeln zeigt. Erst jetzt wird es ein sichtbares Bekenntnis. Etwas, was man besser glauben kann.

»Ich stehe zu dir, und du kannst das jeden Tag aufs Neue erleben. Ich bin da. Ich stehe hinter dir. Besonders, wenn es darauf ankommt.« Das wäre ein erlebbares Ja zu einer Beziehung. Das ist die dritte Stufe der Annahme eines anderen Menschen im eigenen Leben.

Das Herz kann Ja sagen

Das Herz ist nicht dasselbe wie die Gefühle. Gefühle sind sehr vielfältig und finden an unterschiedlichen Stellen im Körper satt. Das Herz ist das Tor zur Seele und dort sitzt die Liebe. Wenn das Herz Ja sagt, sagt auch die Seele Ja. Ein Ja im Herzen ist wie ein vollständiges Ja zum Universum und zu dem, was es gerade ins Leben bringt. Wenn dies bei beiden Partnern zueinander geschieht, wird eine neue, noch tiefere Ebene von Beziehung möglich. Falls eine Beziehung feststeckt, findet man hier vielleicht den Grund und eine Lösung.

Ich habe den Unterschied zwischen einem Ja des Herzens und meinen Gefühlen von Zustimmung und Freude für einen Menschen noch nicht verstanden. Gibt es überhaupt einen? Ist das nicht letztlich alles Liebe?

Das Ja des Herzens ist so tief, dass Sie Ihr Leben und das Leben des anderen zu einem neuen Leben verbinden. Sie sagen so grundsätzlich Ja, dass es Ihr Leben auf einen völlig neuen Weg führen kann. Sie werden gemeinsam zu einem neuen Ganzen. Wie zwei Teile, die zusammenfinden und ein Teil werden.

Aber wie kann ich das tun? Bei aller Liebe kann ich nicht wissen, was kommt. Es könnten sich Situationen entwickeln, die irgendwann zu einer Trennung führen. Wie kann ich da so grundsätzlich zustimmen?

Wir haben immer nur den Augenblick sicher und nie die Zukunft. Genau deshalb ist es ein Ja des Herzens und nicht ein Ja der Gefühle oder des Verstandes. Verstand und Gefühle sagen vielleicht: »Natürlich, ich glaube und bin überzeugt, dass es richtig ist und schön wird.«

Und falls es schiefgehen würde? Das ist die Angst des Unterbewusstseins. Es kann immer schiefgehen. Es kann schwierig werden. Es könnten Zeiten kommen, in denen man am liebsten alles rückgängig machen würde. Schwere Zeiten vielleicht. Die Gedanken und Gefühle könnten nun anfangen, das Ja in Frage zu stellen. Das Herz nicht eine Sekunde. Das Herz sagt: »Ja, und genau deshalb erst recht.«

ÜBUNG
Das ganzheitliche Ja

Es gibt eine Meditation zur gleichzeitigen Einleitung von Transformation zu jeder gespeicherten Ablehnung im Körper. Legen Sie sich für diese Übung auf den Rücken. Sorgen Sie dafür, dass Sie ungestört sind, halten Sie sich warm (ev. mit einer Decke) und versuchen Sie, sich zu entspannen.

Stellen Sie sich vor, das Universum wäre nicht irgendwo weit weg, weit draußen, sondern es würde genau ab der Oberfläche Ihrer Haut beginnen. Als schwebten Sie im All. Stellen Sie sich vor, die Unendlichkeit hüllt Sie vollkommen ein. Und Sie stehen vor der Frage, ob sie das darf.

Jede einzelne Zelle in Ihnen darf mitentscheiden, ob das Universum Sie aufnehmen darf. Senden alle Zellen ein großes Danke zu dem Leben, das Sie in diesem Moment gerade umgibt? Jede Zelle darf zustimmen und ein Ja geben. Tausende, Abermillionen Zellen Ihres Körpers sagen gleichzeitig Ja zu der Unendlichkeit außerhalb von Ihnen. Sie sagen Ja dazu, sich im Nichts aufzulösen. Dieses vieltausendfache Ja lädt die Unendlichkeit ein, zwischen alle Zellen zu strömen, so wie Wasser, das zwischen unzählige Sandkörner fließt und sie mit sich nimmt. Es ist nicht nur ein Ja Ihres Körpers. Es ist das gleichzeitige Ja von allem, aus dem Sie bestehen.

Sie können diese Meditation jederzeit und beliebig oft wiederholen.

Ja!

»Wenn Sie genau das wollen,
was auch Ihr Leben will,
ist das Liebe.«

KAPITEL 7

Ja!
in den spirituellen Lehren

Ein Wort als Weg

In der indischen Sprache Tamil, die als einzige seit über zweitausend Jahren geschrieben und bis heute gesprochen wird, ist das Wort für *Ja* ein heiliges Wort. Ein heiliger Klang. Es lautet: »om«. Om beschreibt im Hinduismus und im Buddhismus den Urklang, aus dem das Universum entstand.

Auch in der christlichen Bibel wird beschrieben: »Im Anfang war das Wort.« Gemeint ist damit: »Am Anfang war der Klang.« Mit den Worten der modernen Physik ausgedrückt, würde man sagen: Am Anfang der Schöpfung war eine Frequenz. Energie in Form von Wellen.

Das Ja führt, spirituell gesehen, zur Rückkehr in die höchsten Zustände. Es ist ein Erleuchtungsweg. Wenn alles in einem Menschen, bis in die letzte Zelle hinein, Ja zu allem gesagt hat, ist jeder Widerstand verschwunden. Ohne jeglichen Widerstand geht ein Wesen in den Fluss über. Und wenn sogar der Widerstand der letzten Zelle gegen das Wasser des Flusses verschwunden ist, geht es vollkommen ins Meer über. Dann findet die Auflösung in die Unendlichkeit statt.

In den meisten spirituellen Lehren geht es letztlich darum, zu erkennen, was das Ego ist, damit sich die Muster des Egos auflösen können und das Erwachen beginnt. Erwachen bedeutet zu erkennen, was zuvor nicht erkannt werden konnte. Es bedeutet, Illusionen zu durchblicken, die der eigene Verstand gebildet hat und von denen er behauptete, sie seien die Wahrheit. Spiritualität ist Wahrheitssuche.

Die Realität ist so, wie sie ist. Doch verschiedene Menschen werden ein und dieselbe Realität völlig anders wahrnehmen. Der Verstand sieht immer, was er sehen will. Und er sieht nicht, was er nicht sehen will.

Deshalb ist das Nein das wichtigste Wort des Verstandes, um seine Meinung über die Welt zu erhalten. Je mehr Neins, desto starrsinniger kann das ausgedachte Weltbild erhalten bleiben. Desto geringer ist die Chance zu wachsen. Solange die Ablehnung da ist, ist der Blick auf die Wahrheit verschlossen. Mit jedem inneren Nein schadet das Ego letztlich sogar sich selbst, denn mit jedem Nein erzeugt es einen inneren Kampf. Von außen stört das niemanden. Alles scheint normal, und dennoch findet im Inneren dieser Krieg der Neins gegen die Realität statt.

Das Herz und das Ja

Viele Menschen sehnen sich danach, ihr Herz mehr öffnen zu können. Das innere Ja ist der größte Schlüssel dafür. In dem Moment, in dem man eine Situation oder einen Menschen nicht mehr ablehnt, geht das Herz auf. Vielleicht erinnern Sie sich an Erlebnisse, die Sie als offenes Herz einstufen würden. War es nicht so? Da war für eine Weile keinerlei Ablehnung in Ihnen. Da war nur die vollkommene Annahme, die Umarmung von Ort, Situation und von sich selbst. Sogar ein langweiliger Beruf, das Leben an sich, alle anderen Menschen, der Regen und die Welt wurden geliebt. Dieser Zustand ohne jede Ablehnung ist der Zustand, in dem alles genau so anwesend sein und geschehen darf, wie es gerade ist. Man selbst und die Welt werden eins, weil es nichts gibt, was dies ablehnt. Und das ist die Liebe.

> *Ich dachte, Liebe hätte auch damit zu tun,*
> *dass man etwas mag. Oder dass man jemanden*
> *sehr gerne hat.*

Vielleicht sollte man das, was mit Liebe bezeichnet wird, unterscheiden. Es gibt Liebe als den Zustand einer menschlichen Beziehung, und es gibt Liebe als Erleuchtungszustand. Liebe als Erleuchtungszustand braucht kein Gegenüber, keinen Grund und keinen Anlass. Sie ist einfach da. Diese Liebe ist das Ja zu dem, was gerade anwesend ist. Und das schließt auch ein, dass man gerade ohne eine Beziehung ist.

Auf die menschliche Liebe bezogen wirkt das innere Ja wie eine Herzensöffnung dem anderen gegenüber. Und ein offenes Herz in einem selbst kann auch das Herz gegenüber ermutigen, sich zu öffnen.

> *Ich würde mein Herz gern häufiger öffnen,*
> *aber da ist eine Angst davor, verletzbar zu sein.*

Deshalb ist das innere Ja der Weg. Es erzwingt nichts, es birgt kein Risiko. Das innere Ja gibt immer nur der Situation oder einem Menschen keine Ablehnung. Es ist eine Annahme, ohne ein Versprechen oder eine Verpflichtung. Dieses Ja kann nie zu einer Verletzung führen, denn wenn eine neue Situation auftaucht, sieht man diese wieder neu an und findet sein neues Ja zu dem, was ist.

Ein Mensch, der die Welt auf diese Weise annimmt, wie sie ist, wird nicht mehr gegen diesen oder jenen Zustand kämpfen. Er wird weiterhin kraftvoll handeln. Er wird motiviert Ziele verfolgen, vielleicht auch, um die Welt ein Stück besser zu machen. Aber er weiß, dass er innerlich nicht gegen die Welt kämpft und die Welt nicht gegen ihn kämpft. Er wird von einem Kämpfenden zu einem Handelnden. Und ohne Kampf gibt es weniger Verletzungen.

Ja!

»Wenn Sie erkennen, dass es unmöglich ist,
eine Situation durch eine Ablehnung anzuhalten,
sind Sie frei.«

Die Polarität und das Ja

Alles in dieser Realität, wie wir sie erleben, ist Polarität. Ist man hier, kann man nicht gleichzeitig dort sein. Ist man selbst das eine, kann man nicht gleichzeitig das andere sein. Daraus erfolgt ein persönliches Gefühl von Getrenntheit. Ein Gefühl, nie wirklich richtig angekommen zu sein.

Wenn ich das eine nehme, kann ich das andere nicht haben. Wenn ich hier bin, kann ich nicht dort sein. Wenn es so abläuft, kann es nicht gleichzeitig ganz anders ablaufen. Jede Entscheidung bedeutet immer auch einen Verzicht. Und schon wieder fehlt etwas, ist etwas scheinbar unvollkommen.

Nur in *einer* Entscheidung ist niemals ein Verzicht enthalten. Nur *eine* Entscheidung erzeugt keine weiteren Gefühle von Polarität: Das Ja zu dem, was gerade anwesend ist. Damit man nicht in den einen oder in den anderen Pol gezogen wird. Man bleibt in seiner eigenen Mitte.

Ich merke, dass das stimmt. Die Polarität in mir selbst entsteht, wenn ich etwas ablehne. Also versuche ich künftig, weniger abzulehnen, auch wenn es auf den ersten Blick unschön erscheint. Aber was ist mit den schönen Ereignissen?

Auch sie sind nur Erscheinungen in der Welt der Polarität. Mal ist es schön, danach ist es unschön. Dann wieder schön. Das wechselt wie das Wetter. Wenn es um das eigene innere Zentrum geht, kann einen ein sehr schönes Erlebnis ebenso aus der inneren Mitte ziehen wie ein sehr Dramatisches. Denken Sie nur an die Euphorie, die zu bestimmten Börsenzeiten herrschte. Viele erlebten überaus schöne Gefühle, weil sich die Zahlen auf ihren Konten nach oben veränderten. Es war wie ein Rausch. Und dennoch war es eine Illusion, auf die das Gegenteil folgte. Das war der emotionale Ausgleich danach.

Das innere Ja zu allem, was einem begegnet, hebt in einem selbst diese Polarität auf. Etwas Schönes kommt, und ich gebe ihm ein Ja. Etwas Unschönes kommt, und ich gebe ihm ebenfalls das Recht, anwesend zu sein. Ich wehre die Welt nicht mehr ab. Ich sehe sie in jedem Moment, ohne sie bewerten zu müssen. Das innere Ja bestätigt nur meine Widerstandslosigkeit. Und dennoch handele ich weiter und gehe meinen Weg. Doch nun kämpfe ich nicht mehr innerlich gegen das, was ohnehin geschieht.

Mit dem inneren Ja nehmen Sie eine stabile innere Position inmitten eines Chaos aus Ereignissen an.

Ja!

»Ständig urteilen zu müssen ist eine innere Plage,
die viel Energie kostet. Was für eine enorme Arbeit.
Es gibt keinen Grund, die Welt, das Leben, andere
oder sich selbst unablässig in gut oder schlecht
einzustufen. Das Ja zu dem, was da ist, beendet
diesen Zwang, sich dauernd Gedanken machen
zu müssen.«

Die Erwartungen, die spirituellen Erfahrungen und das Ja

Auf dem spirituellen Weg begegnet einem oft eine Vielzahl überraschender neuer Erlebnisse und Erkenntnisse. Das führt manchmal dazu, dass der Verstand glaubt, besondere Erlebniseffekte würden auch ein besonderes spirituelles Wachstum bedeuten. Und dann macht er daraus ein neues Konzept. Das Konzept von Erwartungen und der Erfüllung von Erwartungen.

»So muss es sein. Das sollte man erleben. So soll es sich anfühlen. Diesen Zustand will ich erreichen oder wiederhaben.«

Doch es sind nur Ereignisse auf dem Weg, nicht der Weg selbst. Es sind zunächst einmal nur Erlebnisse und nicht ein neuer Zustand. Ein besonderes Erlebnis, auch wenn es feinstofflicher oder spiritueller Natur ist, bedeutet noch nicht, dass man bewusster für das eigene Leben geworden ist. Es bedeutet nur, dass man etwas Neues wahrgenommen hat. Ein neues Sehen wurde eingeleitet.

Manchmal ist das, was man mit den neuen Augen sieht, sehr schön und berührend. Und ein anderes Mal ist es vielleicht der Gegenpol dazu. Das größte Potenzial für die Transformation in einen neuen inneren Zustand liegt darin, nicht mit dem verhaftet zu bleiben, was man erlebt hat.

Das verstehe ich nicht. Was bedeutet das: nicht verhaftet zu sein? Bedeutet es, man darf nicht mögen, was man erlebt?

Ganz und gar nicht. Es bedeutet nur, dass man ein Erlebnis nach dem Kommen auch wieder gehen lässt und es nicht zu einem neuen Glaubenskonzept darüber macht, was die spirituelle Entwicklung betrifft. Sonst könnte man mit genau der Ebene verhaftet bleiben, auf der immer nur genau diese Form von Erlebnissen abläuft. Man ist dann an eine irgendwann alte Geschichte oder einen Glauben gebunden.

 *Wie soll ich dann mit meinen Erlebnissen umgehen?*

Versuchen oder erwarten Sie nicht, dass das Alte sich immer wiederholen wird. Erwarten Sie, dass ein Erlebnis von gestern morgen nicht mehr da sein kann. Nicht, weil man einen Rückschritt machen würde, sondern weil es erlebt und erfahren wurde und es damit ein Erlebnis von gestern ist. Warum immer wieder Erlebnisse replizieren, die bereits häufig erfahren wurden?

Das vollkommene innere Ja zu dem, was gerade anwesend ist oder kommen will, ist der Weg, um sich nicht in eigenen Erwartungen zu verstricken. Das gilt für das Leben in der materiellen Welt ebenso wie für das Leben in der spirituellen Welt.

Es liegt kein Fehler darin, wenn Erlebnisse verschwinden, obwohl man sie einmal so gut wahrnehmen konnte. Man verliert dann keine Fähigkeit, es ist kein innerer Rückschritt. Stattdessen lässt einen die Erlebnisebene los, um Platz für das Nächste zu machen. Und das ist ein spiritueller Fortschritt.

Ich verstehe das, aber ich weiß nicht, wie es gehen soll, keine Erwartungen aufzubauen. Das geschieht in mir immer wieder wie von selbst.

Ja, und darin liegt kein Fehler. Es ist ein Weg. Auf diesem Weg hilft der innere Schalter, der sein Ja immer nur für den einzelnen Moment und das Ereignis dieses Moments gibt.

Stellen Sie sich vor, Sie erwarten nichts und Ihr Partner kommt mit einem Blumenstrauß nach Hause. Was für eine Freude das sein kann. Diese Freude ist spontan und unschuldig, aus dem Moment heraus. Ein großes Glückserlebnis. Wenn Sie sich diesen Tag merken und nach einer Woche kommt Ihr Partner wieder mit einem Blumenstrauß, ist das noch immer schön, aber nicht mehr ein so spontanes Glückserlebnis wie beim ersten Mal. Auch beim dritten Mal ist es noch immer schön, wenn auch anderes als beim vorherigen Mal. Wenn Ihr Partner in der folgenden Woche ohne einen Blumenstrauß nach Hause kommt, entsteht ein kurzer Moment von Enttäuschung. Aus dem Glück wird ein Leid, weil nun eine Erwartung da war.

Das ist die innere Falle in den Erlebnissen der Welt aus Polarität.

Das innere Ja zur Einmaligkeit jedes besonderen Augenblicks ist eine Freude, ohne dabei ein Leid für die Zukunft aufzubauen. »Ja, das ist wundervoll. Und es kommt vielleicht genau so nie wieder. Deshalb freue ich mich hier und jetzt umso mehr darüber.«

Wenn ich das Unerwartete und Neue als die einzige dauerhafte Wahrheit anerkenne, kann ich dann überhaupt noch meinen Weg planen?

Natürlich. Dann geht die wirkliche Umsetzung von Ideen überhaupt erst los. Dann behindern keine alten Enttäuschungen die eigene Vorstellung. Wenn Sie normalerweise eine Idee haben, meldet sich das Unterbewusstsein mit all seinen oft negativen Erfahrungen. Dazu kommt der Verstand mit seinen Vorsichtsüberlegungen und Ängsten. So viel innerer Gegenwind, obwohl man gerade erst einmal beim Ideensammeln ist.

Weniger Erwartungen an das Morgen zu haben bedeutet, weniger Widerstände in sich zu tragen. Weniger Abwehr. Das ist das grundsätzliche innere Ja zur Einmaligkeit jedes Erlebnisses.

Ja!

»Wenn Sie an etwas wie Gott glauben,
ist jedes Ja, das Sie einer Tatsache Ihres Lebens geben,
ein Dank dorthin.«

Das Geheimnis des Loslassens

In vielen spirituellen Lehren wird das Loslassen-Lernen als wichtiger Schritt ins Zentrum gestellt. Im Hintergrund steht dabei die Hoffnung, die Polarität in dieser Welt würde einen Menschen loslassen, wenn der Mensch möglichst viel von der Welt loslässt.

Doch so geht es nicht. Ein unerfüllter Wunsch oder die Sehnsucht nach einem bestimmten Erlebnis oder auch bestimmte Bedürfnisse werden nicht einfach aufhören, nur weil man sich absichtlich noch ärmer macht. Denn was geschieht dabei schon wieder? Man lehnt den Moment ab, der gerade da ist. Man gibt dem, was man selbst ist, ein Nein. »Nein, so wie ich bin, bin ich nicht gut. Ich muss loslassen lernen.« Und schon wieder rennt man einem neuen Ziel entgegen.

Soll das bedeuten, dass alle spirituellen Lehren über das Loslassen falsch sind? Im Buddhismus zum Beispiel wird dem Entsagen von Materiellem hohe Bedeutung gegeben. So viel Irrtum kann es doch nicht geben.

Da ist kein Irrtum im Gesagten. Da ist manchmal ein Irrtum im Verstandenen. Ja, es ist eine Tatsache, dass die intensive Beschäftigung mit materiellen Themen einen von der Selbsterkenntnis abhalten kann. Immer läuft man einer neuen Aufgabe hinterher. Immer ist noch etwas zu erreichen oder etwas Erreichtes zu sichern oder zu verwalten. Das kostet ganz einfach Zeit. Diese Zeit fehlt für die Selbsterforschung, für die Meditation. Und selbst wenn das Meditieren versucht wird, meldet sich andauernd der Verstand mit seinen materiellen Sorgen.

Deshalb sagen die Lehren, dass die materiellen Sorgen die Meditation stören. Deshalb leben Mönche in Klöstern. Das bedeutet nicht, dass jeder, der sein Hab und Gut hergibt und in ein Kloster geht, damit seinen richtigen Weg zur Erleuchtung gewählt hat. Es kann sein, dass er in einem Kloster sehr traurig und unzufrieden wird und dort damit beginnt, sich selbst abzulehnen. Materielle Entsagung ist ein Weg, den Mönche wählen. Das hat nichts Allgemeingültiges. Es ist einer von mehreren möglichen Wegen.

Dennoch ist es richtig, dass der Verlust allen materiellen Besitzes eine Chance birgt. Denn wenn nichts mehr da ist und wenn auch nichts mehr in Aussicht ist, muss das alte Ego an dieser Stelle brechen, und eine neue Sichtweise tut sich auf. Doch das funktioniert nur selten, wenn man es absichtlich herbeiführt.

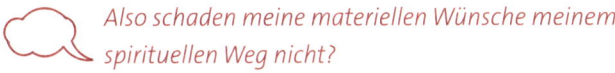 *Also schaden meine materiellen Wünsche meinem spirituellen Weg nicht?*

Wenn Wünsche und Sehnsüchte Teil dieses Weges sind, ist das nicht unspirituell. Denn immer wenn man von einer Ebene losgelassen wird, wächst man. Ein erfüllter Wunsch sorgt vielleicht dafür, dass der Wunsch einen loslässt.

Das habe ich auch anders erlebt. Da erfüllt sich jemand einen Wunsch und schon währenddessen kommen neue, noch größere auf. Und so geht es bei manchen endlos weiter.

Dann wäre für so einen Menschen genau das der Weg zur höchsten Wahrheit. Er wird so lange immer neuen Wünschen nachlaufen, bis er etwas für sich erkennt. Und selbst wenn es am letzten Tag seines Lebens ist, an dem er ganz sicher alles loslassen muss. Dann ist es eben eine sehr große Erkenntnis, die dafür in sehr kurzer Zeit stattfindet. Das ist nicht weniger gut als eine Erkenntnis, die sich über viele Jahre entwickelt. Am Ende zählt nur die Erkenntnis. Darin liegt das spirituelle Wachstum während einer Lebensspanne.

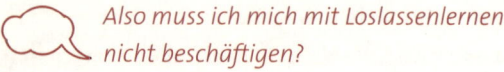

Also muss ich mich mit Loslassenlernen nicht beschäftigen?

Nicht der Mensch lässt die Welt der Polarität los. Das ist ein Irrtum des Verstandes. Die Welt der Polarität lässt Stück für Stück einen Menschen los. Wenn Sie bestimmte Dinge irgendwann nicht mehr interessieren, obwohl genau diese Dinge früher besonders interessant waren, hat das Thema Sie losgelassen. Das kann man selbst prüfen, indem man sich an so einen Vorgang erinnert. War da wirklich die eigene Entscheidung, etwas loszulassen? Oder ist zu dem Thema die innere Flamme irgendwann einfach erloschen?

Das Ego kann die Welt nicht loslassen. Das ist die gute Nachricht. Man muss sich nicht im Loslassen bemühen. Das ist nur eine neue Geschichte, die einen am Laufen hält. Loslassen bedeutet in Wahrheit, auf ein Ja umzuschalten.

Ja!

»Man will die schönen Momente möglichst lange erleben und die unschönen Momente möglichst gar nicht. Daraus entsteht immer ein Leid. Geben Sie der Tatsache, dass alles immer einmalig, endlich und unwiederholbar ist, ein Ja. Dann erleben Sie jeden Moment frei von der Aufgabe, ihn bewahren oder abwehren zu müssen.«

Das Loslassen von Menschen

Das Loslassen von Menschen ist fast immer ein Müssen, kein Wollen, auch wenn der Verstand es sich manchmal gerne anders erzählt. Es ist ein Abschiednehmen, weil das Leben gerade eine Situation von Abschied erschaffen hat. Man kann so einer Situation Widerstand entgegenbringen, oder man kann sie annehmen und ihr ein Ja geben. Das macht es allen am Loslassen Beteiligten leichter. Der Versuch, etwas festzuhalten, was gerade gehen will, ist in Wahrheit der Versuch, die Gefühle zu verhindern, die bald folgen werden. Es ist ein Nein zum Schmerz, der im Loslassen von Menschen steckt. Das ist ganz natürlich. Und gleichzeitig macht es den Abschiedsschmerz nicht geringer, sondern fügt noch einen

weiteren hinzu. Zum Verlust selbst kommen dann noch der
Schmerz der inneren Vorwürfe gegen sich selbst, gegen einen
anderen oder gegen das Leben.

> *Manchmal muss man loslassen. Zum Beispiel,*
> *wenn jemand stirbt. Da ist unendlich viel Traurigkeit*
> *und Schmerz.*

Ja, doch nicht nur das. Wenn man dem Sterben gegenüber-
steht, ganz gleich, ob bei sich selbst oder einem geliebten
Menschen, begegnet man der letzten, höchsten Wahrheit.
Hier kann auch der einfallsreichste Verstand keinen Ausweg mehr erfinden. Sterben, oder das Sterben begleiten, sind
Vorgänge, in denen jedes Ego zusammenbricht und loslassen muss. Deshalb ist es ein so heiliger Akt für alle, die damit
verbunden sind. Es ist die höchste Wahrheit in der materiellen Welt, und sie lautet: Woran auch immer du dich fest-
hältst, es wird vergehen.

> *Wenn ich einen geliebten Menschen verliere, weil*
> *er stirbt, habe ich eine unveränderbare Situation.*
> *Zumindest dieser kann ich mein Ja geben, auch wenn die*
> *Trauer weiter in mir abläuft. Aber wenn eine Trennung in einer*
> *Beziehung stattfindet, fällt mir die Annahme des Loslassens*
> *weniger leicht. Es geht lange hin und her.*

Dieses Loslassen eines sterbenden Menschen ist endgültig
und damit klarer vorgegeben als das Loslassen einer Beziehung. In einer Beziehung gibt es bis zum letzten Moment
und sogar darüber hinaus immer noch Hoffnung. Ein letztes

scheinbares Hintertürchen. Der Verstand denkt: »Der andere lebt ja noch, also könnte sich noch alles zum Guten wenden.« Selbst wenn beide aktiv beschlossen haben, dass es nicht mehr gut werden kann, klammert sich ein Teil des Unterbewusstseins an den Funken der Idee, es könnte sich doch noch alles ändern. Ein Wunder könnte geschehen. Die Liebe könnte am Ende doch noch siegen. Oder eines Tages würde der andere die Liebe erkennen und zurückkommen. Und dann dürfte man weiter an die Liebe glauben und müsste nicht annehmen lernen, dass Liebe kommen und auch gehen kann.

Solange diese Geschichte des Verstandes nicht erloschen ist, hat man der Beziehung das Sterben nicht erlaubt. Man hält sie fest – und damit auch sich selbst gebunden.

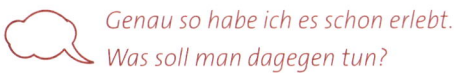 *Genau so habe ich es schon erlebt.*
Was soll man dagegen tun?

Als Erstes erkennt man vielleicht: Vorwürfe sind sinnlos. Niemand hat recht oder unrecht, wenn etwas stirbt. Wer hat recht, wenn eine Blume verwelkt? Wer macht einen Fehler, wenn die Bäume im Herbst ihre Blätter abwerfen? Niemand hat recht oder unrecht, wenn eine Beziehung zu Ende geht. Man kann der Tatsache ein Ja geben, dass alles in dieser materiellen Welt einen Anfang und ein Ende hat. Und man kann ein Ja dazu geben, dass man selbst nicht in der Lage ist, den großen Lebensfluss umzuleiten, wenn dieser beschlossen hat, in eine neue Richtung zu fließen. Die Gefühle und Emotionen werden dennoch ablaufen, aber mit einem Ja zum Fluss erzeugt man nicht auch noch einen zusätzlichen Kampf gegen das Loslassen an sich. Gegen den Fluss selbst.

Das materielle Loslassen

Wie kann ich es schaffen, dass mir die materiellen Umstände oder meine Wünsche nicht mehr das Leben so schwer machen? Soll ich den Wünschen entsagen? Wird es dann leichter?

Es ist wahr, dass die materielle Welt eine Ablenkung ist, welcher der Verstand gerne folgt. Deshalb wird in vielen spirituellen Lehren als Weg das Loslassen ins Zentrum gestellt oder zumindest die Nichtbeachtung der materiellen Dinge.

Doch was geschieht, wenn man der Idee folgt, dass die materiellen Dinge nicht gut wären? Oder dass sie den spirituellen Weg erschweren? Es entsteht Ablehnung. Dann kommen Gedanken auf wie: »Im Geld ist ein Übel enthalten. Es nicht wirklich gut für die Entwicklung der Menschen.« Oder: »Sieh dir nur all die Menschen mit viel Besitz an. Die meisten sind nicht wirklich glücklich. Viele sind sogar schlechte Menschen.« Und so weiter.

Solange man eine Sehnsucht hat oder einen Wunsch und man sich selbst die Geschichte erzählt, dies wäre nicht gut, erzeugt man Ablehnung. Es ist ein Nein zum eigenen Inneren.

Niemand weiß, ob die Erfüllung einer großen Sehnsucht nicht vielleicht die letzte große Erfahrung auf einem sehr langen Weg ist und diese den betroffenen Menschen anschließend in die Erleuchtung führt. Wer kann das sagen? Niemand weiß, ob nicht das letzte Karma verschwindet, wenn jemand eine Familie und Kinder erlebt? Oder ein Unternehmen aufbaut? Wer könnte behaupten zu wissen, dass etwas Materielles für einen bestimmten Menschen schlecht wäre? Es könnte auch gerade die Erlösung seiner letzten verbliebenen Wünsche sein. Und danach wäre er davon frei.

Loslassen ist kein Konzept, um weiterzukommen. Loslassen ist etwas, was das Leben bringt. Oder auch nicht. Darauf hat man keinen Einfluss. Den einzigen Einfluss, den man hat, ist der, einer Situation, in der Loslassen stattfinden will, ein Ja zu geben. Ihr keinen Widerstand entgegenzusetzen.

Ja!

»Den Vorgang des Loslassens zu erleben birgt ein großes spirituelles Geschenk in sich. Es lässt einen die Endlichkeit erleben. Es führt an die letzte Grenze in der materiellen Welt, um einem die höchste Wahrheit zu zeigen: Alles wird vergehen. Damit es wieder neu entstehen kann.«

Das Ego und das Ja

Das Ego ist die Summe aller Gedanken, die von sich selbst glauben, sie wären etwas oder jemand. Es ist eine Sammlung von Ideen und Beobachtungen über sich selbst, über andere, das Leben und die Welt. Wenn eine neue Beobachtung gemacht oder eine Idee gefunden wurde, wird sie zu einem weiteren Teil dieses Weltbildes. Und damit wird sie auch zu einem Baustein des Egos.

Das innere Ja zu Ereignissen, die man bislang unbewusst abgelehnt hat, verändert die Bauteile, aus denen das Ego zusammengesetzt ist. Wo vorher ein Nein war, ist nun ein Ja. Das ist wie eine kleine neue Identität auf diesem Gebiet. Ein neues und gleichzeitig freieres Ichgefühl.

»Bisher war ich derjenige, bei dem hier immer Abwehr hochkam. Nun ist das verschwunden.« Oder: »Bisher hatte ich hier immer eine Meinung. Nun erlebe ich einfach nur eine Beobachtung.« Oder: »Bisher war ich derjenige, der an diesem Punkt immer dagegen argumentierte. Nun ist es hier ruhig in mir.«

Mit dieser neuen inneren Freiheit zu einem Thema darf man umgehen lernen. Und man wird feststellen, dass die Umgebung darauf reagiert. Weil es in einem selbst ruhiger wird, wird es auch im Kontakt mit dem Außen ruhiger werden.

Das klingt, als müsste man an seinem Ego gar nicht aktiv arbeiten. Doch genau das habe ich bislang immer gelernt. Was stimmt denn nun?

Man kann auf Dauer nichts gegen das eigene Ego tun, ohne damit in sich selbst Konflikte zu erzeugen. Man kann nicht lernen, sich selbst zu beseitigen. Auch wenn man bereits erkannt hat, dass man selbst nicht das Ego ist, sondern das Ego nur in einem abläuft, kann man es durch ein Mehr an Ablehnung nicht verschwinden lassen.

Aber man kann lernen, zu dem, was ist, Ja zu sagen. Und das gilt auch für das eigene Ego. Darin liegt das Ja zu sich selbst.

Wenn man sich also fragt, ob man für sein spirituelles Wachstum am eigenen Ego arbeiten muss oder soll, lautet die Antwort: Nein, das macht keinen Sinn. Denn wer arbeitet dann gegen wen? Es wäre ein Kampf gegen sich selbst, den man nie gewinnen kann. Wenn man sich hingegen fragt, was man für sein spirituelles Wachstum tun kann, lautet die Antwort: Beobachten Sie, was in Ihnen abläuft und wo sich die Ablehnungen melden. Und dann untersuchen Sie diese Ablehnungen Stück für Stück. Das ist alles, was nötig ist.

Ja!

»So geht man mit einem Ego spirituell gut um:
Erkennen Sie, was es ist und was es macht und
wohin es ständig will und was es ständig nicht
will. Dabei erkennen Sie die Neins und finden die
Möglichkeit für neue Jas. Jedes so gefundene Ja
ist ein Stück mehr Liebe.«

Der innere Schalter für die Welt

Ich selbst finde mich auf dem Weg zur Annahme wieder. Ich sehe meinen inneren Schalter. Gleichzeitig erlebe ich, wie in der Welt um mich herum die Konflikte und Probleme scheinbar immer mehr werden. Gibt es nicht auch einen Schalter für die Welt, den man allen zeigen könnte, sodass weniger Ablehnung geschieht?

Der Schalter in einem selbst ist gleichzeitig der Schalter für die Welt, die einen umgibt. Denn was ist in einem gerade anwesend, wenn man sich einen Schalter für die Welt wünscht, damit sie anders wird? Eine Ablehnung.

Und dort beginnt man.

Übungen für ein Leben im Jetzt

112 Seiten. ISBN 978-3-442-34154-2

Dieser »Kurs in Gegenwärtigkeit und Liebe« schärft unsere
Wahrnehmung, ordnet die Erkenntnisse und ermöglicht eine
klare innere Ausrichtung, um im gegenwärtigen Moment
und in der Liebe zu leben.

Mit seinen stimmungsvollen Fotos, inspirierenden Zitaten
und konkreten Handlungsimpulsen ist dieser Tischaufsteller
ein wunderbares Geschenk. Für sich selbst und für alle, die
ihr Leben auf die Achtsamkeit für jeden Augenblick ausrichten
möchten. Jeden Tag ein Stück mehr. Das ganze Jahr hindurch.

arkana

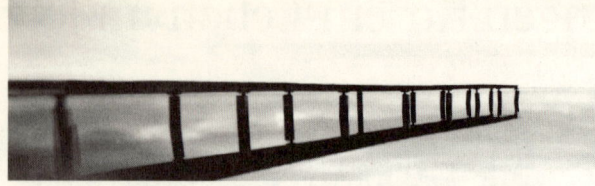